Caminos

Spanisch für Fortgeschrittene 2

Arbeitsbuch

von
Bibiana Wiener

Ernst Klett Sprachen
Barcelona · Budapest · London · Posen · Sofia · Stuttgart

Liebe Kursteilnehmerinnen und Kursteilnehmer,

das vorliegende Arbeitsbuch zu *Caminos 2* bietet ein reichhaltiges Übungsangebot und ist somit eine wichtige Ergänzung zum Lehrbuch.

Das Arbeitsbuch eignet sich vor allem für die häusliche Arbeit, insbesondere zur Festigung und Vertiefung der Vokabeln und der Grammatik. Gelegentlich gibt es aber auch eigens gekennzeichnete Partner- und Gruppenübungen sowie Hörtexte in Verbindung mit einer Kassette.

Das Arbeitsbuch orientiert sich in seinem Aufbau am Lehrbuch. Die Übungen sind jedoch fortlaufend nummeriert, und die Blöcke A, B, C sowie der *Rincón profesional* sind durch eine Überschrift jeweils deutlich gekennzeichnet. Zu jeder Aufgabe findet sich ein Hinweis, nach welchem Übungsschritt im Lehrbuch sie bearbeitet werden kann. Im *Revuelto* gibt es keine genaue Verknüpfung zwischen Lehrbuch und Arbeitsbuch. Sie können die Übungen auch erst im Anschluss an die Lehrbuchlektion ausführen.

Immer wieder begegnen Ihnen „Lerntipps", die Ihnen Hinweise und Strategien anbieten, wie Sie das Gelernte besser aufbereiten, verarbeiten und dadurch auch besser anwenden können.

Am Ende jeder *Unidad* werden Sie aufgefordert, eine Wörtersammlung nach Ihren eigenen Bedürfnissen und Assoziationen anzufertigen. Auf diese Weise behalten Sie den gelernten Wortschatz besser.

Wenn Sie Ihre Spanischkenntnisse auch im Beruf anwenden möchten, können Sie im *Rincón profesional* jeder *Unidad* die Wörter und Wendungen des Lehrbuches konsequent festigen und vertiefen.

Die Übungen im Arbeitsbuch enthalten in der Regel nur den im Lehrbuch angebotenen Wortschatz. Einzelne unbekannte Wörter, die für das Verständnis besonders wichtig sind, werden in der Aufgabe angegeben, in der sie erscheinen.

Viel Spaß und Erfolg beim Spanischlernen wünscht Ihnen Ihr

Caminos-Team

	Hinweis auf Übungsschritt im Lehrbuch
	Einsatz der Kassette
	Übung im Unterricht
MODELO	Beispiel
	Wichtige Redemittel

Inhaltsverzeichnis

Unidad 8: Revuelto S. 83

Unidad 9: ¿Naturaleza intacta? S. 90

Unidad 10: Comunicación S. 101

Quellennachweis

Fotos: U. von Born: 66 (4); Clarín Imagen: (G. Garello): 42; Editorial Escuela Española S.A., Madrid: 63 (1); El País: (C. Álvarez): 20, (G. Lejarcegui): 61 (1), 90, (S. Cirilo): 78, (J. Bienvenido): 84, (C. Serrano): 124; iLa Latina, Bonn: 81; Instituto Costarricense de Turismo: 30; Instituto de Turismo de España – Turespaña, Madrid: 16, 111; Klett-Archiv: (Boulton): 71 (2, 3), (C. Fernández): 85 (1), (B. Huber): Umschlag (3), 66 (2), 102, 105, 114, (E. Schmidt): 40, (F. Schulte-Nölle): 98, (Thunig): 71 (1); Manrique Zago Ediciones s.r.l., Buenos Aires: 93; Mauritius, Stuttgart: Umschlag (1, 2), (Hubatka): 71 (4); M. Meyborg-Sygnum Fotografie, Berlin: 63 (2); Museo Nacional Centro de Arte Reina Sofía, Madrid: 21; Peter Hammer Verlag, Wuppertal: 24; Spanisches Fremdenverkehrsamt, Frankfurt: (F. Ontañón): 85 (2); D. Strauß: 66 (1, 3), 83 (3); J. Todó-Tavisa, Barcelona: 61 (2); Toledo Con Todos, Mar del Plata: 56; B. Wiener: 7, 29, 47, 79, 83 (1, 2), 106, 107

Realien und Texte: Acción, Buenos Aires (febrero-1993): 47; Adena/WWF, Madrid: 120; Allergan S.A., Madrid: 91 (1); Auto Compartido, Madrid: 60; J. Ballesta, Cambio 16, Madrid: 96, 103; © Herederos de J. Camba, „Alemania", Espasa Calpe, Madrid (1916): 14; Cambio 16, Madrid: (Las profesiones más simpáticas, 22-4-96): 71, (Portada, 27-5-96): 80, (Teléfono de la Esperanza, 18-11-96): 105, (Cooperantes españoles en el extranjero, 3-2-97): 118; Camping Caños de Meca, Barbate-Cádiz: 21; © J. M. Carrascal, „España, con otros ojos", Espasa Calpe, Madrid (1993): 41, 53; © C. del Castillo, Cuadernos Cervantes, Madrid (mayo-junio 1996): 10; Clarín, Buenos Aires: 42; © Jim Davis, „Garfield", Universal Press Syndicate: 93; © J. Díaz y M. Martín, „Trabalenguas de Castilla y León", Valladolid: 8; Editorial Laia, Barcelona (caricatura): 49; El País, Madrid: (J. Martín, „Helena Fusté", 8-12-96): 99, (Semana Santa en Sevilla): 112, (La comunicación familiar, 28-7-96): 124; Federación Nacional de Cafeteros de Colombia, Madrid: 91 (2); © A. Fraguas Forges, Madrid: 20, 75; Greenpeace, Madrid: 122; iLa Latina, Bonn: (Las mujeres en cifras, enero-95): 76, (Cosmovisión religiosa, 10-9-97): 120; © Langer, Página 12, Buenos Aires (15-1-94): 29; Ministerio de Educación y Ciencia, Madrid: 13; Ministerio de Trabajo y Asuntos Sociales e Instituto de la Mujer, Madrid: („Uso no sexista del lenguaje administrativo"): 75; Muy Interesante, G. y J. España s.r.l. en C., Madrid: (Infracciones de tráfico, mayo-1997): 60, („La naturaleza acorralada", septiembre-1997): 121; Oficina Municipal de Turismo de Oviedo (mapa): 16; © Quino/Quipos, Milano: 15, 50, 68, 77, 86; Radio Tierra, Santiago de Chile: 122; © Rafael Ramos, „Leo Verdura", Pequeño País n° 751, Pamplona: 23; Real Automóvil Club de España, © C.E.A. (1972): 87; G. Roldán e I. Costa, „Enciclopedia de las supersticiones", Madrid: 113; © 1993 by Esmeralda Santiago, „When I was Puerto Rican". Reprinted by permission of Addison Wesley Longman. Veröffentlicht mit Genehmigung Nr. 57412 der Paul & Peter Fritz AG, Zürich: 108; Tribuna de Actualidad, Madrid (caricatura): 59; Trinaranjus, Madrid: 43

In einigen Fällen ist es uns trotz intensiver Bemühungen nicht gelungen, die Rechte-Inhaber zu ermitteln. Wir bitten diese, sich mit dem Verlag in Verbindung zu setzen.

Reencuentros

A. Un nombre para toda la vida

1 p.7

Aquí tiene los comentarios que han hecho algunos estudiantes de español sobre las fotos del libro del alumno (pág. 7). ¿A qué fotos se refieren?

1. "Esta foto es de Perú, son las ruinas de Machu Picchu. Una amiga mía ha estado allí y me ha mostrado muchas fotos interesantes de la cultura inca."
2. "A mí personalmente no me gusta la carne. Pero dicen que el cochinillo es exquisito, es un plato típico de Segovia."
3. "Estos hombres intercambian sellos* y monedas en una plaza. Es una costumbre muy bonita la de encontrarse al aire libre. Esto sólo lo he visto en España y en Italia."
4. "Una vez vi una película sobre la Cordillera de los Andes donde mostraban estos animales, creo que se llaman llamas."
5. "Mira, esta foto puede ser de Jerez de la Frontera en Andalucía. Esa ciudad es famosa por sus vinos de calidad, el jerez, por ejemplo."

* *tauschen Briefmarken*

2 A1

a) Lea el comentario de Valeria sobre su nombre.

"Alguna vez me preguntaron por la historia de mi nombre y realmente en ese momento no supe qué responder. Es una cuestión que nunca me ha interesado saber. Nunca me he tomado el trabajo de informarme sobre el origen de mi nombre y todo eso. Mis padres nunca me han comentado nada sobre ello y en mi familia nadie se llama como yo. En fin, lo lamento, pero no tengo ni idea."

b) Ahora intente usted contar algo sobre su nombre utilizando algunas de estas frases.

1. Mis padres me pusieron de nombre ____________ porque ______________________.
2. Mis padres no se ponían de acuerdo en llamarme así porque ______________________.
3. Según la tradición de mi familia ______________________________________.
4. Todo el mundo me llama/llamaba ____________ porque ______________________.
5. Mi nombre es de origen ______________. Significa ______________________.

3 A2

Escuche algunos diálogos en los que se presentan diferentes personas y marque si...

Diálogo	1	2	3	4	5	6

a) ya se conocían.
b) se conocen de vista.
c) una persona ya ha oído hablar de la otra.
d) no se conocían.

4 A2

Lea este extracto de un diccionario.
¿Alguna vez ha oído o visto esta palabra?

Don/doña: (ant.) Tratamiento de respeto que precede al nombre de pila: don Alfonso, doña Elena. Actualmente, su uso se limita cada vez más a las personas de edad o a la citación en documentos oficiales.

5 A2

Lea este trabalenguas[1] en voz alta.

- Don Pedro Crespo Pérez Peletero Pardo Pellicero, ¿sabe usted dónde mora[2]?
- ¿Por **qué**[3] Pedro Crespo Pérez Peletero Pardo Pellicero pregunta? ¿Por Don Pedro Crespo Pérez Peletero Pardo Pellicero el de arriba, Don Pedro Crespo Pérez Peletero Pardo Pellicero el de abajo, o Don Pedro Crespo Pérez Peletero Pardo Pellicero el del rincón? Porque los tres Pedro Crespo Pérez Peletero Pardo Pellicero son.

J. Díaz y M. Martín, "Trabalenguas de Castilla y León"

1) *Zungenbrecher* 2) *lebt* 3) *nach welchem*

6 A3

¿Quién es el hombre y quién la mujer?

7 A3

a) Lea este texto sobre el día del santo.

¿Sabe usted que, además del cumpleaños, mucha gente en España celebra el día del santo, es decir, el día del calendario que lleva el nombre del santo o de la santa correspondiente? Este día, los amigos y la familia llaman por teléfono para felicitar. A veces se organiza una fiesta en casa y se hacen pequeños regalos. Es una costumbre muy antigua que se basa en el calendario de la iglesia católica.
¿Y qué pasa si una persona tiene un nombre que no se ha tomado de un santo? Pues, nada, no se celebra.

b) ¿Sabe usted cuándo es el día de su santo? ¿Lo celebra?

c) Escuche a cinco latinoamericanos y marque qué se festeja en sus países: el día del santo, el cumpleaños o las dos cosas.

	México	Colombia	Chile	Argentina	Bolivia
día del santo					
cumpleaños					

8 A5

Vuelva a los textos que se encuentran en la pág. 10 del libro del alumno y diga a qué palabras corresponden estas explicaciones.

1. Es el rito cristiano que consiste en echar unas gotas de agua sobre la cabeza de una persona. Simboliza la entrada de esa persona en la iglesia.
2. Las personas que son de otro país. La palabra se usa también como adjetivo.
3. Es una lista de los santos de la iglesia católica cuya fiesta se celebra en cada uno de los días del año, por ejemplo, el 10 de agosto es el día de San Lorenzo.
4. Es la institución oficial de España que analiza, controla y protege el idioma.
5. Es saber escribir las palabras de un idioma correctamente, sin errores.
6. En general son las personas que viven en una región desde siempre o son originarios del lugar. La palabra se usa también como adjetivo.
7. Son los hábitos y tradiciones de un grupo de personas o de un pueblo.

9 A5

Lerntipp

Sie haben sicher schon die Erfahrung gemacht, dass es oftmals genügt, die Bedeutung eines Grundwortes zu kennen, um andere Wörter erschließen zu können. Einfache Muster der Wortbildung helfen uns dabei. So gibt es die Möglichkeit, an ein Grundwort Vor- oder Nachsilben anzuhängen. Sehen Sie sich die folgenden Wörter an. Verstehen Sie ihre Bedeutung?

Beispiele für Vorsilben:

autor – **co**autor
ordenado – **des**ordenado
completo – **in**completo
conocer – **re**conocer
vivir – **sobre**vivir

Beispiele für Nachsilben:

Um ein Adjektiv zu bilden: confort – confort**able**; religión – religi**oso**.
Um ein Adverb zu bilden: seguro – segura**mente**.
Um ein Substantiv zu bilden: elegante – eleg**ancia**; traducir – traduc**ción**; creativo – creativi**dad**; pescado – pescad**ería**; cocinar – cocin**ero/-a**; natural – natural**eza**; sentir – sent**imiento**; pensión – pension**ista**; arquitecto – arquitect**ura**.

a) Aquí tiene algunas explicaciones sobre los diminutivos.

Diminutivo: Se aplica a palabras modificadas de alguna manera y expresa:

1. pequeñez.
2. afecto o sentimiento.
3. el uso del diminutivo es mucho más frecuente en Latinoamérica, sobre todo en Centroamérica.

Las terminaciones más frecuentes son:

-ito / -ita:	libro – librito tarjeta – tarjetita momento – momentito
-cito / -cita:	Carmen – Carmencita amor – amorcito
-illo / -illa:	pan – panecillo mesa – mesilla

Carlos del Castillo, Cuadernos Cervantes

b) ¿Existe algo similar en su lengua? Dé ejemplos.

c) ¡Atención! Hay algunas palabras que en su forma diminutiva tienen otro significado. Busque el significado de estas palabras en el diccionario.

coche – cochecito   ventana – ventanilla   bolso – bolsillo

B. Seguimos estudiando

10 BI

a) Vuelva a mirar estas expresiones. ¿Qué significan?

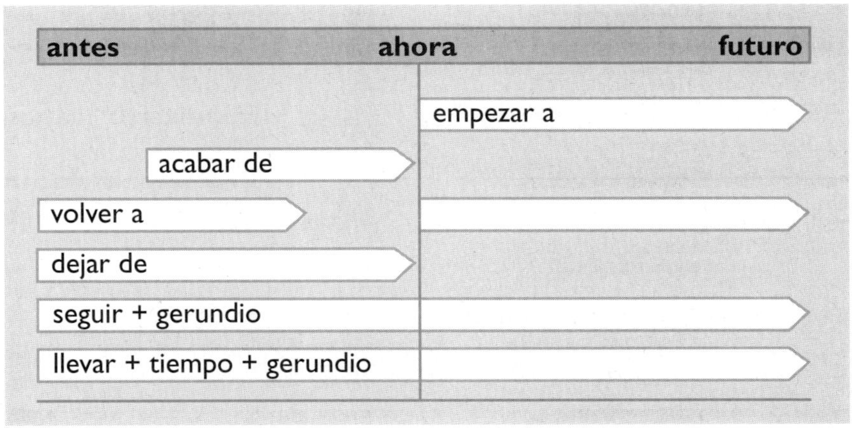

b) Relacione las partes de las frases.

1. Julio tiene problemas económicos, así que ha dejado de
2. El teatro está muy bonito ahora, acaban de
3. La señora López tiene bastante mala suerte, ha vuelto a
4. Los Álvarez están muy contentos en este barrio, ya llevan
5. A Pedro le ha tocado la lotería y acaba de
6. El coro de la ciudad es muy famoso, sigue

a) participando en muchos festivales.
b) ir tanto al casino.
c) perder su llave en la calle.
d) restaurarlo.
e) diez años viviendo en este lugar.
f) salir de viaje para Hawai.

11 BI

Marque las dos frases que corresponden a cada caso.

1. Elvira ha empezado a fumar.
   - ☐ Antes fumaba.
   - ☐ Ahora fuma.
   - ☐ Antes no fumaba, ahora sí.
2. Pablo sigue cantando mal.
   - ☐ Antes cantaba mal.
   - ☐ Ahora canta mal.
   - ☐ Antes cantaba mal, ahora no.
3. Luisa dejó de estudiar.
   - ☐ Antes estudiaba.
   - ☐ Ahora estudia.
   - ☐ Antes estudiaba, ahora no.
4. La familia Cardoso acaba de comprarse un fax.
   - ☐ Antes tenía fax.
   - ☐ Ahora tiene fax.
   - ☐ Antes no tenía fax, ahora sí.
5. Lola lleva ya cinco años practicando deportes.
   - ☐ Antes practicaba deportes.
   - ☐ Ahora practica deportes.
   - ☐ Antes no practicaba deportes, ahora sí.
6. Antonio vuelve a tomar antibióticos.
   - ☐ Antes no tomaba antibióticos.
   - ☐ Ahora toma antibióticos.
   - ☐ Antes tomaba antibióticos y ahora los toma otra vez.

12 B4

¿Sabe de qué objetos hablan estas personas? El contexto le va a ayudar.

1. • ¿Me dejas tu ______________ un minuto? Tengo que apuntar una dirección.
   ○ Lo siento, éste no escribe.
2. • ¿Puedes pasarme tu ______________? Es que tengo que buscar una palabra.
   ○ Espera un minuto, ya termino y te lo paso.
3. • ¿Podrías pasarme tus ______________? Tengo que cortar estas figuras para el collage que estoy haciendo.
   ○ Por supuesto. ¿Me las devuelves después de usarlas?
4. • He vuelto a escribirlo mal. ¿Me pasas tu ______________?
   ○ Sí, claro, tómala.
5. • Por favor, ¿tienes un ______________? Es que se rompió la punta de mi lápiz.
   ○ Aquí tienes.
6. • ¡Qué cabeza! Me olvidé el cuaderno. Por favor, ¿me das una ______________ para anotar las tareas?
   ○ Sí, claro.

13 B4

¿Qué dice usted en situaciones como éstas?

MODELO • Oye, ¿puedo abrir la ventana? Es que tengo calor.
○ Por supuesto, ábrela.

1. Usted está en su casa con un amigo. Hace calor y la ventana está cerrada.
2. Usted va en coche y un amigo le pregunta si puede cerrar la ventanilla porque tiene frío. Usted no quiere.
3. Usted está con una amiga en una tienda. En la caja ve que no tiene suficiente dinero. Le pide a su amiga la suma que le falta.
4. Su jefe le pide la dirección de un cliente. Usted tiene la dirección, pero no sabe dónde.
5. Usted tiene que hacer una traducción y necesita un diccionario. Pídaselo a alguien del curso.
6. Usted está en un banco y tiene que firmar un formulario. No tiene bolígrafo. Pídaselo al empleado.

14 B5

Así es la estructura del Sistema Educativo Español.
Mire el cuadro y compárelo con el Sistema Educativo de su país.

> En el Sistema Educativo Español..., en cambio...
> A diferencia de España, ...
> Comparado con España, ...
> Igual que en España, ...

EL SISTEMA EDUCATIVO ESPAÑOL

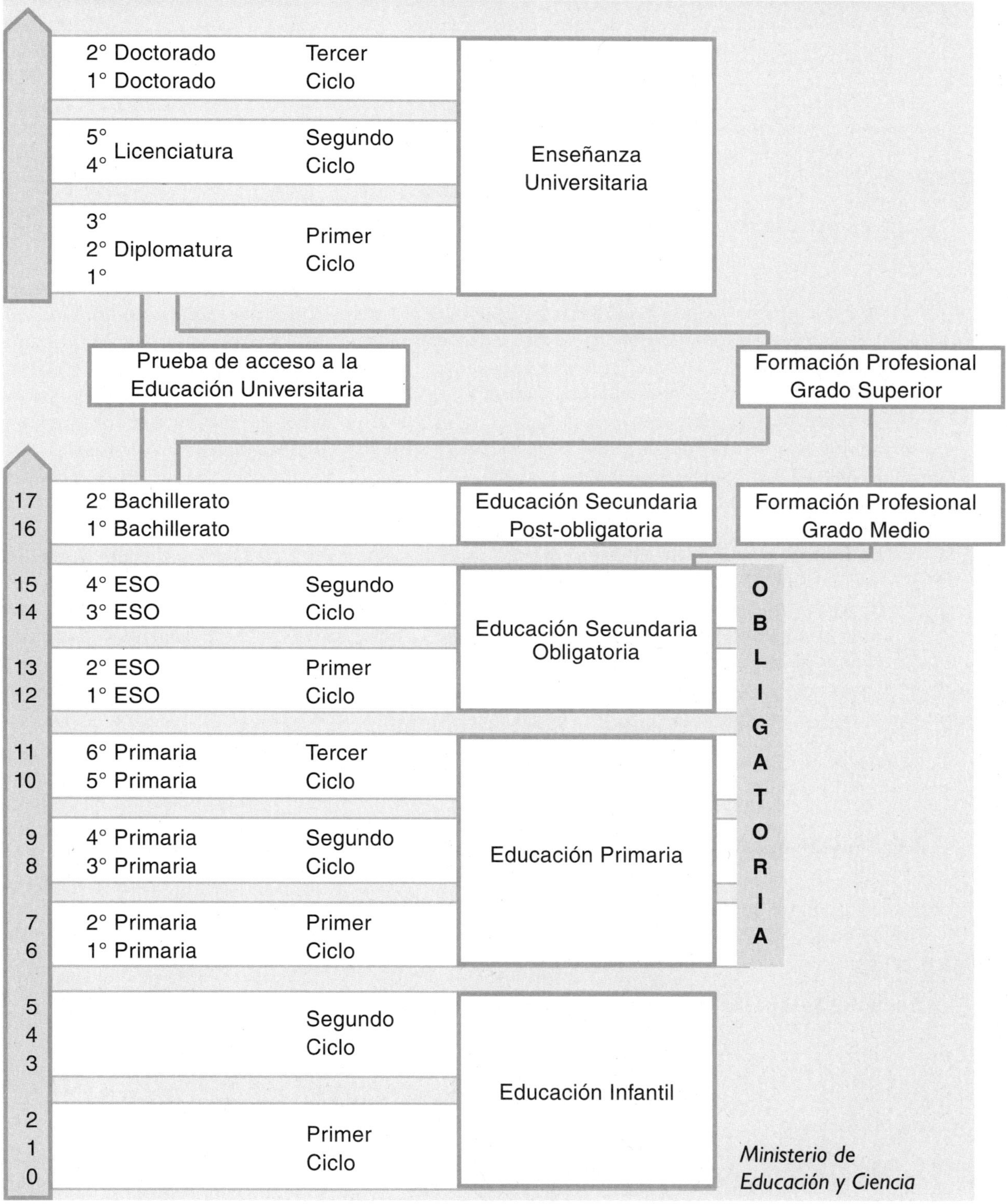

15 B6

Complete estas frases según su propia experiencia con el español.

1. En clase lo que más me gusta hacer es ______________________.
2. Lo que menos me gusta es ______________________.
3. Cuando trabajo en grupo, lo más divertido es ______________________.
4. ______________________ es escuchar casetes.
5. Lo que siempre olvido es ______________________.
6. ______________________ es la gramática.
7. Lo más fácil es ______________________.
8. Lo que más me cuesta es ______________________.

16 B6

a) Lea este texto. ¿Cómo caracteriza Julio Camba los idiomas de los que habla?

Yo hice algunos progresos[1] en el alemán; pero este idioma terrible no llegaré a dominarlo nunca. Yo no tengo bastante energía para pronunciar las consonantes alemanas. ¡Ah, ese francés! ¡Ese francés, tan fino[2] y tan ligero, que es como una camisa de seda! Cada palabra alemana pesa muchos kilos. Los filósofos las han llenado de filosofía, los guerreros de consonantes. En francés es muy fácil ser espiritual, así como en alemán es muy fácil ser profundo[3]. La evolución del idioma francés se ha realizado afinando y aligerando las palabras. Los alemanes, en cambio, han ido complicando las suyas.

El otro día tuve que mandar un libro alemán a un amigo de París. 500 páginas: 1.400 gramos. Me costó mucho dinero. Llegado a mi casa, hablé del asunto con un alemán y le mostré un libro inglés de igual número de páginas. Pesamos el libro inglés: 250 gramos.
–Es que los ingleses son los reyes del papel –me dijo el alemán–. El papel de las ediciones inglesas es maravilloso.
–¡Ah! ¿Cree usted que es el papel lo que hace tan pesados[4] los libros alemanes?
–Naturalmente. ¿Qué ha de ser si no?
–¿Qué ha de ser? El lenguaje, las palabras, las ideas... De eso estoy seguro.

1) *Fortschritte* 2) *fein* 3) *tiefgründig* 4) *schwer*

Adaptado de Julio Camba, "Alemania", 1916

b) ¿Está de acuerdo con lo que dice Julio Camba sobre el idioma alemán?

17 B7

Escuche lo que le pasó a un alemán en España. ¿Cuál fue el malentendido*?

Erdball *m* globo *m* (terráqueo, terrestre); **Erdbeben** *n* terremoto *m*; seísmo *m*; **Erdbeere** *f* fresa *f*; (Garten-) fresón *m*; *Am* frutilla *f*; **Erdbewohner** *m* habitante *m* de la tierra; **Erdboden** *m* suelo *m*; terreno *m*; tierra *f*;

* *Missverständis*

18 B7

¿Puede contar la historia?

Para entender el humor del caricaturista argentino Quino, es necesario observar bien todos los detalles. Las siguientes palabras le pueden ayudar para continuar la historia.

den Hut abnehmen = levantar el sombrero
höflich grüßen = saludar cordialmente
den Gruß erwidern = contestar el saludo
Mauer = el muro
ein Bild aufhängen = colgar un cuadro
sich mit dem Hammer auf den Finger schlagen
= darse un martillazo en el dedo
fluchen = soltar palabrotas

Quino, "Gente en su sitio"

Un señor viajó en tren a un país oriental. Cuando llegó, ...

C. “Equivocándose es como se aprende”

19 C2

Complete el cuadro con las formas del subjuntivo.

	llegar	explicar	vivir	querer	poder	seguir
yo		explique		quiera		
tú			vivas			sigas
él, ella, usted	llegue				pueda	
nosotros/-as				queramos		sigamos
vosotros/-as		expliquéis			podáis	
ellos, ellas, ustedes	lleguen					

20 C2

a) Lea y complete la carta con las formas correspondientes del subjuntivo.

A los participantes del curso:

Estas líneas son para aclarar los últimos detalles para la excursión del fin de semana.
Lo primero que quiero deciros es que no voy con vosotros a la excursión. Es una pena que por problemas familiares no *(poder)* ___________ acompañaros. Por eso os escribo estas líneas para insistir sobre algunos puntos importantes que no debéis olvidar:

– Es imprescindible que *(llevar)* ___________ el carnet de la escuela*.
– Es necesario que *(confirmar)* ___________ y *(pagar)* ___________ el importe de la excursión antes del viernes a las 12.00 hs.
– Es posible que *(llover)* ___________ este fin de semana, por eso es mejor que *(llevar)* ___________ ropa adecuada. También es importante que no *(olvidar)* ___________ que las temperaturas en la región de los Picos de Europa son siempre muy bajas.
– En el Parque Nacional de Covadonga es muy importante que *(llevar)* ___________ bolsas de plástico para recoger la basura. ¡No os olvidéis de esto, por favor!
– Existe la posibilidad de que *(hablar)* ___________ con el Director del Parque. También en Cangas de Onís y Covadonga vais a encontraros con gente del lugar, que trabaja en distintos proyectos. Es necesario que *(recibir)* ___________ mucha información y que *(preguntar)* ___________ y *(tomar)* ___________ nota de todo lo que os expliquen.

No olvidéis que la semana que viene, esta excursión va a ser el tema principal de nuestras clases.
Entonces, ¡que tengáis un viaje estupendo y hasta la vuelta!

* *Schülerausweis*

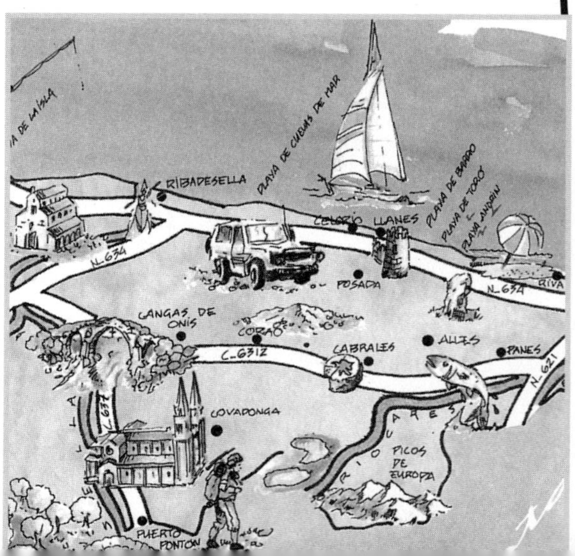

b) ¿Quién escribe estas líneas?

21 C4

a) Un optimista 🙂 y un pesimista 🙁 hablan sobre el medio ambiente[1]).
¿Cuáles de estas frases dice cada uno?

🙁 1. "Yo no creo que la gente actúe[2]) con conciencia ecológica."
◯ 2. "Yo creo que las campañas sobre la protección[3]) del medio ambiente ayudan a concienciar a la gente."
◯ 3. "En mi opinión la gente sólo piensa en el aquí y ahora."
◯ 4. "Yo creo que a la gente le interesa el tema."
◯ 5. "Yo pienso que los congresos y reuniones sirven para llamar la atención sobre ese problema."
◯ 6. "Yo no creo que actualmente la gente se preocupe por las generaciones futuras."
◯ 7. "Yo no creo que el problema del medio ambiente pueda solucionarse en los próximos años."
◯ 8. "En mi opinión, la gente joven siempre quiere cambiar algo."
◯ 9. "Yo no creo que la gente cambie sus costumbres en poco tiempo."
◯ 10. "Creo que tu pesimismo desmoraliza a la gente."

1) *Umwelt* 2) actuar = *handeln* 3) *Schutz*

b) ¿Puede transformar las frases optimistas en frases pesimistas y al revés?
Preste atención al indicativo y subjuntivo.

MODELO 🙂 Yo creo que la gente actúa con conciencia ecológica.

22

LERNTIPP

Wie Sie bereits im ersten Band von „Caminos" gesehen haben, können Sie am Ende jeder Lektion eine Wortschatzsammlung erstellen. Sie soll Ihnen helfen, den neuen Wortschatz individuell und thematisch zu gliedern. So prägen Sie sich die Wörter besser ein, und Sie können außerdem den Wortschatz zu einem Thema übersichtlich und leicht zugänglich wiederholen.

Palabras, palabras, palabras...
Complete el mapa asociativo con las palabras y expresiones de esta unidad que quiera retener.

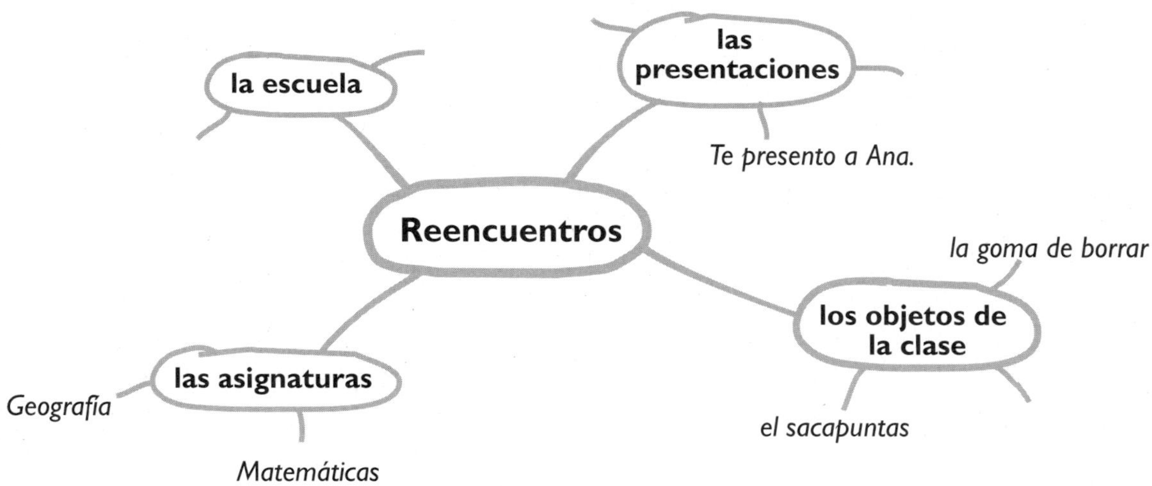

Rincón profesional

23 Rp 1

¿Qué hacen estas empresas?

Iberia El Corte Inglés El País Fortuna Osborne Seat El Banco de Santander Spar	es	una cadena de supermercados. un periódico. una empresa de automóviles. una compañía aérea. una empresa tabacalera. una cadena de grandes almacenes. una empresa de bebidas alcohólicas. un banco.

24 Rp 1

Unas citas. Escuche tres diálogos y complete el cuadro.

	La persona, ¿tiene cita?	¿Se encuentran?	¿Dónde?
1.			
2.			
3.			

25 Rp 1

Relacione los departamentos con el dibujo.

Lista de departamentos:

Producción
Ventas y Exportaciones
Publicidad
Personal
Administración
Investigación* y Desarrollo
Dirección General
Cantina

* *Forschung*

26 Rp2

Relacione estas palabras con las partes de las tarjetas de visita.

ALIBA S.A.
Juan Manuel Ibarra
Jefe del Dpto. Administración
C/Calzada, 5
Telf. (89)255 43 00
Fax 20 31 77
29750 NERJA

NURIA MENDOZA DIAZ
Abogada
c/Antigua, 27
Telf. (809) 673-6733
Fax 674 22 11
SANTO DOMINGO
(Rep. Dominicana)

nombre(s)
apellido(s)
profesión
nombre de la empresa
cargo[1] en la empresa
departamento
dirección
prefijo[2] de teléfono
número de teléfono
número de fax
código postal[3]
ciudad
país

1) *Posten* 2) *Vorwahl* 3) *Postleitzahl*

27 Rp3

Complete este formulario con sus datos personales.

Solicitud de empleo — DELTA

Puesto solicitado: ____________________

1. DATOS PERSONALES

Nombre y Apellidos ____________________ Teléfono ____________
Dirección ____________________ N° ______ C.P. ______ Ciudad ____________
Fecha de Nacimiento ____________ Lugar ____________________

2. FORMACIÓN Y ESTUDIOS

Nombre Colegio o Universidad	Localidad	Desde/Hasta	Estudios

Idiomas *(Indicar nivel (E)–Excelente (A)–Alto (M)–Medio (B)–Básico)*

	Leído	Escrito	Hablado	Donde los ha aprendido
Español				
Inglés				
Francés				
Alemán				
Otros				

Otros conocimientos

Cursillos – Seminarios ____________________
Informática (Indicar programas) ____________________
Permiso de Conducir* ____________ Coche propio ____________

3. EXPERIENCIA PROFESIONAL (Trabajos en los cinco últimos años)

Empresa y Localidad	Desde/Hasta	Puesto

Lugar y Fecha ____________
FIRMA

* *Führerschein*

¡Viva el turismo!

A. ¿Qué esperamos de las vacaciones?

1 p. 21

a) Ponga estas frases en el lugar correcto del texto.

- ◯ Así es como casi un 40% reside en sus vacaciones en casa de sus amigos o familiares.
- ◯ Las fechas preferidas para salir son en Semana Santa y en verano, el mes de agosto.
- ◯ Las regiones más visitadas son Andalucía, la Comunidad Valenciana y Cataluña.

Si observamos las estadísticas que año a año se publican sobre turismo y vacaciones, podemos mencionar un par de aspectos interesantes de España.

Salida de vacaciones de la pasada Semana Santa en una carretera madrileña

La mitad de la población viaja "de vacaciones", y el tiempo de duración de esas vacaciones es de 4 a 15 días. ①
Las vacaciones en general se relacionan (como en todo el mundo cuando se habla de vacaciones) con descanso, placer...
En España se puede añadir otra causa más: visitar a amigos o a familiares. ②
Asimismo, el destino turístico para la mayoría de los españoles es su país, España. ③ Sólo un 8% viaja al extranjero. Una gran parte viaja por cuenta propia, es decir lo hace individualmente y en coche. Además no debemos olvidar que España es el destino turístico por excelencia y que el 10% de su población vive de la industria del turismo.

retención = *Stau*

b) ¿Y en su país?
Comente algunas informaciones sobre el turismo y las vacaciones.

2 A2

Complete con las formas que faltan.

infinitivo	indicativo (yo)	subjuntivo (yo)
________	pongo	________
hacer	________	________
________	________	vaya
conocer	________	________
________	digo	________
tener	________	________
________	soy	________
________	________	esté

3 A2

¿Prohibiciones? ¿Consejos?
Lo que se prohíbe a veces se puede transformar en un consejo.
Aquí tiene el reglamento de un cámping.

CAÑOS DE MECA 1ª
COSTA de la LUZ
BARBATE · CADIZ

1. No circular en el interior del cámping a más de 10 km/h.
   Aconsejan que no se circule en el interior del cámping a más de 10 km/h.
2. No tocar la bocina* dentro del cámping.
   ____
3. No encender fuego.
   ____
4. No dejar basura en el terreno del cámping.
   ____
5. No lavar ropa o utensilios en el río.
   ____
6. No entrar o salir del cámping con el vehículo entre las 23 h. y las 8 h.
   ____
7. No dejar entrar a personas que no se alojen en el cámping sin pasar por la recepción.
   ____
8. No traer ningún tipo de animales (perros, gatos, etc.).
   ____

* *hupen*

4 A2

Delante del Museo Nacional Centro de Arte Reina Sofía se han hecho algunas preguntas a los visitantes.
Lea lo que han dicho y complete con las formas del subjuntivo o con el infinitivo.

1. Es importante que el Museo *(publicar)* ________ un catálogo de la exposición en varios idiomas.
2. Me gusta *(ir)* ________ al museo con otra persona. Así puedo comentar con ella mis impresiones.
3. No me gusta que en las salas del museo *(hay)* ________ tanta gente.
4. Me gusta que se *(ofrecer)* ________ visitas guiadas de la exposición.
5. Me gusta *(poder)* ________ quedarme largo tiempo delante del cuadro.
6. Deseo que los museos *(tener)* ________ sillas para sentarse en las salas de la exposición.
7. Deseo *(tener)* ________ tiempo para ver toda la exposición.
8. Deseo por último que el precio no *(ser)* ________ demasiado alto.

5 A3

a) Usted ha participado en un curso de español en Salamanca.
Aquí hay una lista que resume su experiencia pasada. Ahora una amiga suya quiere hacer un curso parecido. Deséele LO MEJOR. Preste atención: algunas de sus experiencias no fueron tan buenas.

MODELO Usted encontró una pensión buena, barata y muy familiar.
- Ojalá encuentres también una pensión buena, barata y familiar, como yo.

Su pensión estaba lejos de la escuela.
- Ojalá tu pensión esté cerca (no esté lejos) de la escuela.

1. No había un programa cultural organizado por la escuela (p. ej. excursiones, visitas guiadas, etc.)
2. Usted tuvo muchas horas de explicaciones gramaticales que no fueron efectivas.
3. Usted pudo hablar y practicar mucho el idioma.
4. El grupo fue muy divertido y simpático.
5. La mayoría del curso era de su país y se hacían muchos comentarios en su lengua materna.
6. Trabajaban con mucho material auténtico.
7. Los profesores eran muy competentes.

b) ¿Qué más le desea a su amiga?

6 A4

Escuche los comentarios de estas personas que trabajan en agencias de turismo y apunte qué piden los turistas.

1. ____________________ 3. ____________________
2. ____________________ 4. ____________________

7 A5

¿Cómo contesta estas preguntas?
Usted quiere hacer un curso de pintura con un/a amigo/-a, pero no quiere tomar decisiones.

1. • ¿Hacemos el curso intensivo o el curso normal?
   ○ *El que quieras.*
2. • ¿Adónde vamos, a Barcelona o a San Sebastián?
   ○ ____________________
3. • ¿Vamos en mayo o en septiembre?
   ○ ____________________
4. • ¿Qué prefieres? ¿Buscamos un hotel barato o un hostal?
   ○ ____________________
5. • Mira, aquí hay una lista de hostales. ¿Cuál elegimos?
   ○ ____________________
6. • ¿Vamos en tren o en coche?
   ○ ____________________
7. • ¿Qué hacemos entonces?
   ○ ____________________

8 A5

a) Lea la historieta de Leo Verdura.

Pequeño País nº 751

un disparate = *etwas Verrücktes*
media sabana = *hier: die ganze Meute*
yo huyo = *ich flüchte*
¡Que se las apañen! = *Sollen sie doch selber machen!*

b) ¿Puede resumir la historieta en dos o tres frases? ¿Qué título le pondría usted?

9 A6

Usted ha imprimido este texto con el ordenador, pero algo no ha funcionado.
¿Puede completar este resumen que ha escrito alguien sobre el poema de Ernesto Cardenal, libro del alumno, pág. 25?

♣♥♠♦♣♥♠♦♣♥♠♦♣♥♠♦ pensaba que el Paraíso estaba en la India, y no en el Caribe. Hoy, el Paraíso es, para muchas personas, el lugar ideal para descansar. Este Paraíso debe tener electricidad, ♣♥♠♦♣♥♠♦♣♥♠♦, ♣♥♠♦♣♥♠♦♣♥♠♦ y night clubs. En este lugar no hay, naturalmente, cosas desagradables como la malaria y otras ♣♥♠♦♣♥♠♦♣♥♠♦♣♥♠♦♣♥♠♦, ni tampoco huracanes. Lo más importante es que los ♣♥♠♦♣♥♠♦ sean bajos y que los turistas tengan todas las comodidades de la vida moderna en un ambiente exótico. Pero el verdadero Paraíso no se puede comprar en ninguna ♣♥♠♦♣♥♠♦♣♥♠♦♣♥♠: cada persona tiene que buscarlo individualmente.

10 A6

Aquí tiene algunos datos sobre Ernesto Cardenal.

ERNESTO CARDENAL

Poeta y político nicaragüense.

Nació en Granada (Nicaragua) el 20 de enero de 1925. Estudió Filosofía y Letras[1] en México y EE.UU.
En 1954 participó en la "Rebelión de abril" contra el dictador Somoza. En esa rebelión murieron muchos de sus compañeros a causa de las torturas sufridas cuando los llevaron presos[2].
En 1957 entró en la orden religiosa Trapense en EE.UU y en 1965 se ordenó sacerdote[3].
En 1966 fundó con el escritor William Agudelo una comunidad religiosa de campesinos[4] y pescadores[5] en una de las islas de Solentiname en el lago Nicaragua.
En 1977 el ejército[6] somocista tomó y destruyó[7] las instalaciones de Solentiname y llevó presos a sus miembros. Ernesto Cardenal huyó[8] del país y vivió en exilio en Costa Rica.
Desde allí participó en el movimiento de oposición, el Frente Sandinista de Liberación Nacional (FSLN), en la lucha contra la dictadura de Somoza.
En 1979, después de la caída[9] de Somoza, regresó a Nicaragua y fue Ministro de Cultura hasta 1987.
En 1980 recibió el Premio de la Paz de los libreros alemanes.
Sus obras más famosas son: "Oración por Marilyn Monroe y otros poemas", "El Evangelio de Solentiname", "Salmos", "Homenaje a los indios americanos", "Oráculo sobre Managua", "La Hora 0", "Cántico Cósmico".

1) *Geisteswissenschaften*
2) llevar preso = *gefangen nehmen*
3) *Priester*
4) *Bauern*
5) *Fischer*
6) *Heer*
7) destruir = *zerstören*
8) huir = *flüchten*
9) *Sturz*

B. ¿Vacaciones paradisíacas?

11 B1

Relacione.

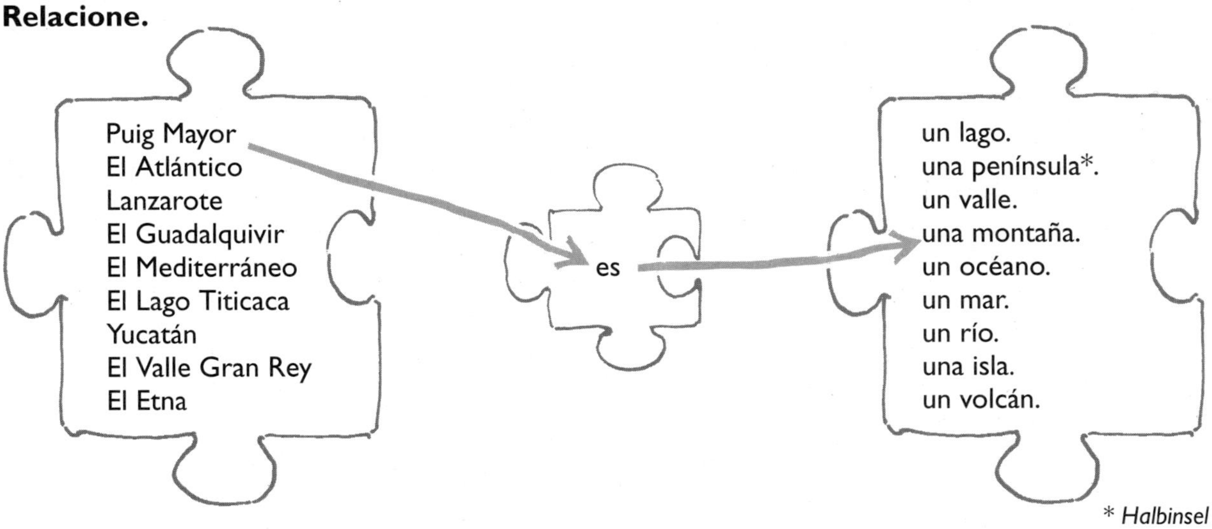

* *Halbinsel*

12 B2

a)Aquí tiene el mapa de Guatemala.
Trate de completar los nombres de los departamentos que faltan.

Petén está en el norte, entre México y Belice. Es un departamento muy grande.

Escuintla está en el sur, en la costa del Océano Pacífico, entre Suchitepéquez y Santa Rosa.

El departamento del **Quiché** está al sur de la frontera* con México, entre Huehuetenango y Alta Verapaz.

Izabal está en el este, en el Mar del Caribe y al norte de Honduras.

El departamento de **Guatemala** está al sur de Baja Verapaz y al este de Sacatepéquez.

Jutiapa está en el sur, en la frontera con El Salvador, entre Chiquimula al noreste y Santa Rosa al oeste.

* *Grenze*

b) Y ahora describa donde se encuentran estos departamentos.
Zacapa, Suchitepéquez, Totonicapán.

13 B2

a) Coloque los nombres de los Estados federados de Alemania en el mapa.

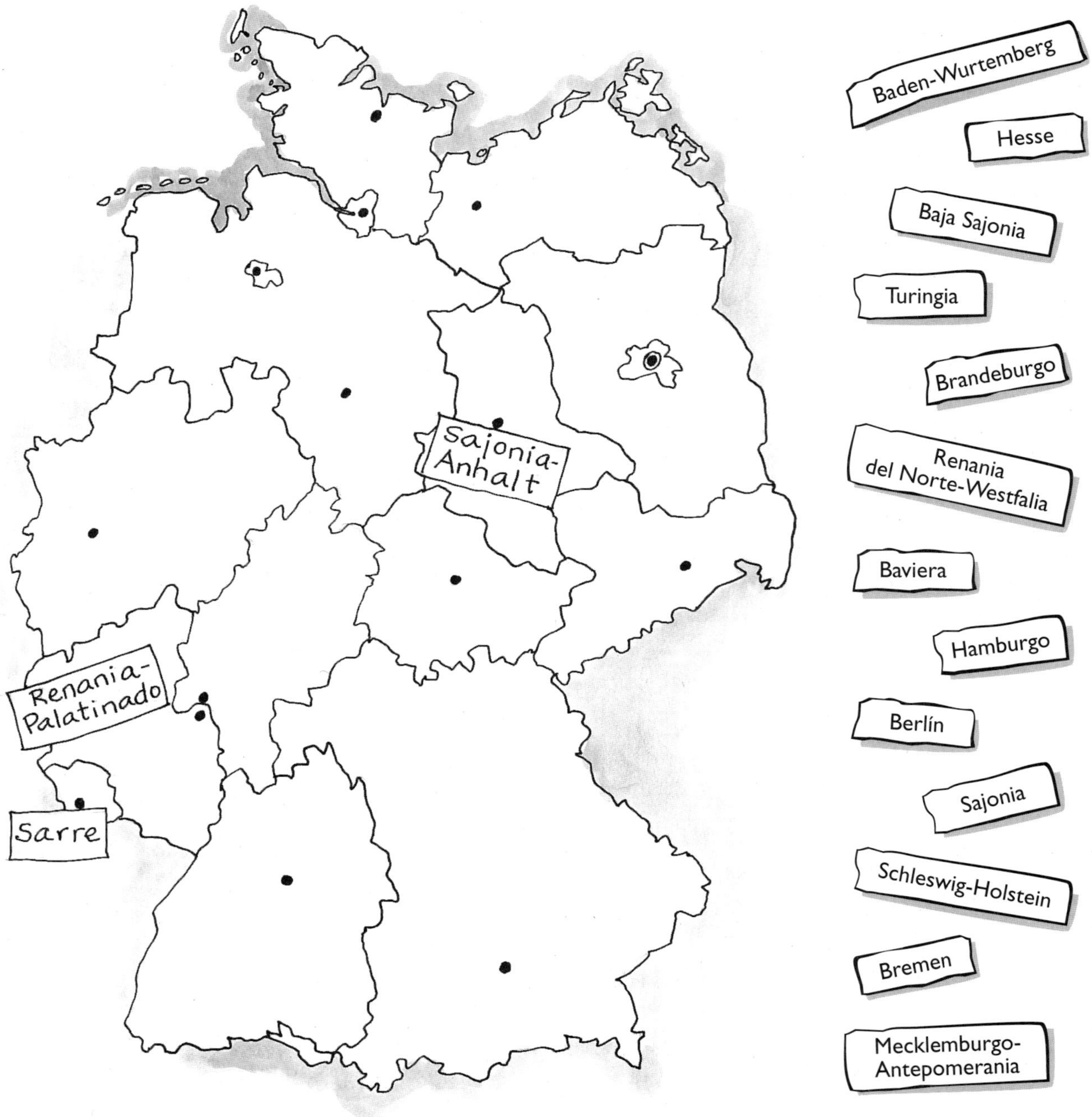

b) ¿Qué piensa usted?

¿Cuáles son los tres Estados federados más visitados por los alemanes en las vacaciones?
¿Cuáles son los países preferidos por los alemanes para las vacaciones fuera de su país?

c) En el anexo tiene los resultados de estas estadísticas.
Compárelos con sus resultados y coméntelos utilizando estas expresiones:

> No sabía que...
> Yo pensaba que los alemanes iban más a Grecia que a...
> Yo creía que iban más turistas a...
> Yo puse... en primer lugar.

14 B2

En parejas.
Elija uno de los paisajes y descríbalo.
Su compañero/-a tiene que adivinar de cuál se trata.

en el primer plano *(im Vordergrund)*
al fondo *(im Hintergrund)*
a la derecha
a la izquierda

15 B3

Escuche las quejas de estas personas y trate de completar el cuadro.

	Motivo de la queja	¿Cómo se solucionó?
1.		
2.		
3.		

16 B4

Busque la forma adecuada en cada frase.

1. La casa es muy bonita. Está *(construido)* construida totalmente de madera.
2. Han *(prohibido)* ______________ la pesca* en la región. Esta guía dice: "La pesca está *(prohibido)* ______________ en toda la región sur". Esto es nuevo, ¿verdad?
3. ¡El teléfono no tiene tono! ¿Está *(desconectado)* ______________? Seguro que la Empresa Telefónica lo ha *(desconectado)* ______________ por no pagar.
4. Los horarios en esta ciudad son muy especiales. Las tiendas, por ejemplo, están *(abierto)* ______________ las 24 horas del día. ¡Increíble!
5. Esta vez la conferencia está *(planeado)* ______________ para finales de agosto. Los organizadores, por cierto, la han *(planeado)* ______________ muy bien.
6. Estos pasteles son muy pesados. Están *(hecho)* ________ con mucha mantequilla y muchos huevos.
7. La gente del piso de arriba está *(despierto)* ______________ todavía. Las luces de la sala de estar están *(encendido)* ______________.
8. Este pueblo tiene una iglesia antigua y muy bien *(conservado)* ______________.

* *Fischfang*

17 B4

a) Mire las casillas marcadas en los formularios y quéjese en la recepción.

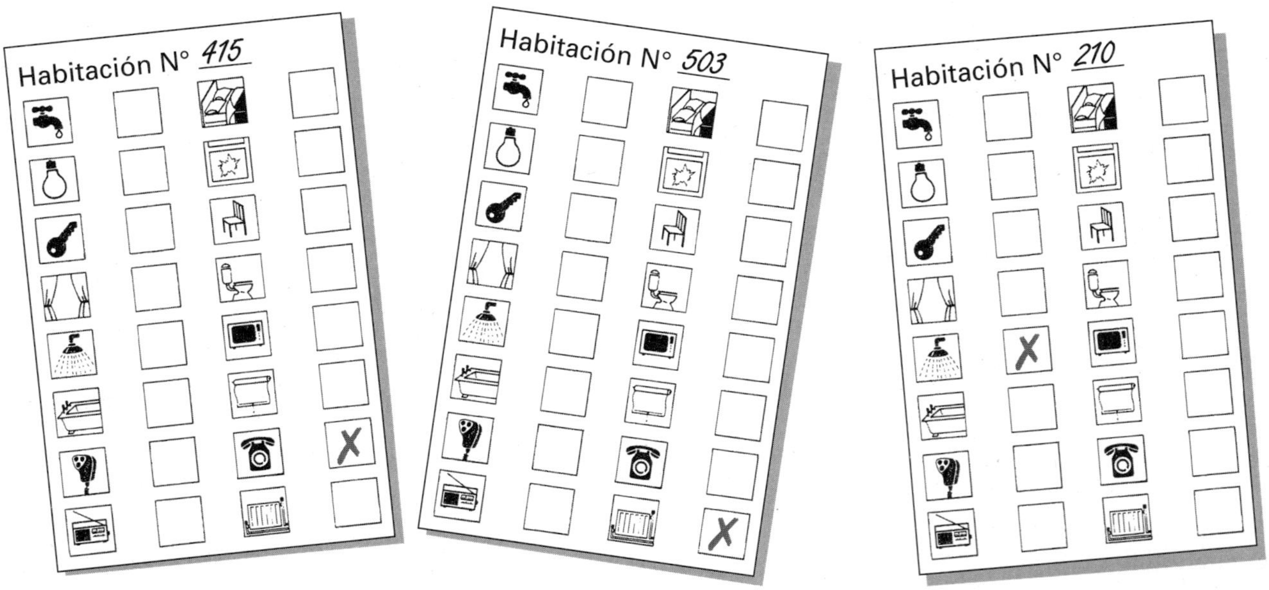

b) Escuche los comentarios de los empleados del hotel y compruebe qué problemas se han solucionado.

	Nº de habitación	¿Se ha solucionado el problema?
1.		
2.		
3.		

C. ¿Qué nos trae el turismo?

18 C2

¿Fue un éxito la campaña ecológica en esta playa? ¿Por qué?

Página 12, nº 326

19 C2

A propósito de playas...
Forme frases con "(no) me gusta", "me alegra", "me molesta", "me preocupa", según el modelo.

MODELO La gente no deja basura en la playa.
- Me alegra que la gente no deje basura en la playa.

Los bares al aire libre con música a todo volumen.
- No me gustan los bares al aire libre con música a todo volumen.

1. Las playas limpias.
2. Se construyen demasiados hoteles.
3. En las playas hay muchísima gente.
4. En esta playa hay servicio de Primeros Auxilios*.
5. Los turistas gastan mucha agua.
6. Hay restricción de agua en las playas de la región.
7. Los bares y chiringuitos en la playa no ofrecen sólo bebidas frescas, sino también helados.
8. No hay playas tranquilas.

* *Erste Hilfe*

20 C2

Hablando de playas.
¿Qué puede decir sobre sus experiencias en la playa?

21 C4

Lea este texto sobre el turismo en Costa Rica.
Luego formule una pregunta relacionada con el texto. Sus compañeros/-as van a contestar.

Ecoturismo en Costa Rica

Costa Rica se ha propuesto tener un turismo ecológico y "verde", y en los últimos años ha creado infraestructuras que defienden en primer lugar la naturaleza y la estabilidad ecológica.
A causa de la gran diversidad biológica, Costa Rica se ha convertido en una verdadera "meca" para los ecoturistas, los naturalistas y los investigadores que desean admirar y estudiar la riqueza de la naturaleza tropical costarricense.

El 25% del territorio, o sea 1.154.945 hectáreas, funciona como "Zona de protección de la naturaleza y su biodiversidad". Los parques nacionales y reservas naturales conservan un gran número de diferentes animales y plantas, que corresponden a más de un 5% del total de especies* que existen en el mundo.
La política ecologista del Instituto Costarricense de Turismo ya ha recibido muchos premios en el mundo, en especial de Asociaciones de Agencias de Turismo internacionales.

* Arten

22 C5

a) Lea estos consejos irónicos para turistas que viajan a Latinoamérica.
¿Le parecen exagerados?

Decálogo

① *No se pregunte por qué viaja a ese lugar y no a otro. ¡Viaje!*
② *En sus vacaciones, disfrute del sol, de la playa, de los monumentos históricos. Todo lo demás le puede intranquilizar. No lo tenga en cuenta.*
③ *No permita que la pobreza del país le arruine[1] sus vacaciones. Recuerde que cada uno es responsable de su propio destino[2].*
④ *No se intranquilice si no entiende los hábitos y costumbres del país que visita. Use como siempre sus pantalones cortos y camisas o blusas de colores.*
⑤ *No se preocupe si toma fotos. Al fin y al cabo[3] es **su** cámara fotográfica.*
⑥ *Si quiere visitar algún lugar interesante, no necesita ponerse en la cola[4] para comprar su entrada. Usted es un turista.*
⑦ *Insista en comer su comida habitual.*
⑧ *No intente contactar con gente del lugar. Recuerde que ellos no hablan su idioma.*
⑨ *Compruebe que los propietarios del hotel sean gente de su país. Así se sentirá "como en casa".*
⑩ *Si el prospecto de viaje es mejor de lo que fueron sus vacaciones, no se lo comente a sus amigos.*

1) arruinar = *verderben*
2) *hier: Schicksal*
3) *schließlich*
4) *Schlange*

b) Ahora formule tres consejos útiles para pasar unas vacaciones agradables pero también respetuosas con el país que visita.

23

Palabras, palabras, palabras...
Complete el mapa asociativo con las palabras y expresiones de esta unidad que quiera retener.

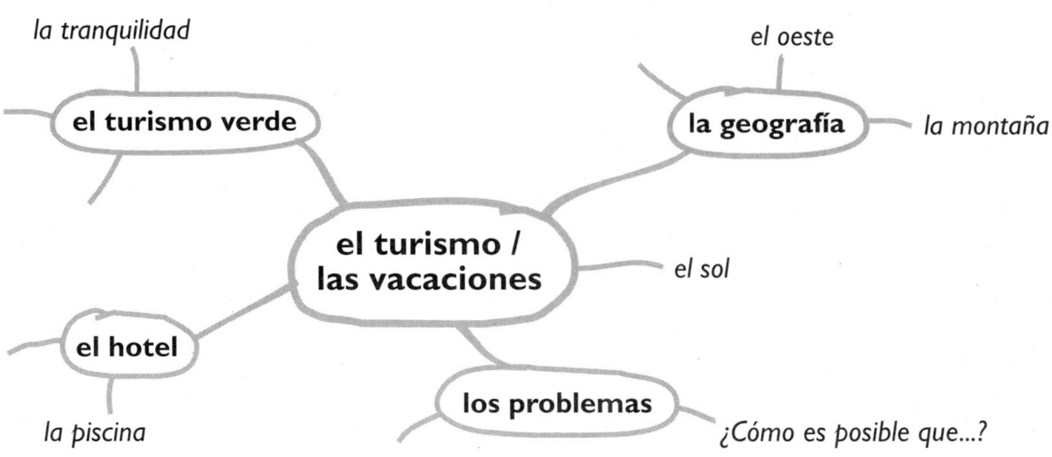

Rincón profesional

24 Rp1

Complete esta carta con las palabras correspondientes.

importe | artículos | condiciones | carta | descuento | pedido

Estimados Sres.:

Gracias por su __________ del 10 de enero. Con estas líneas queremos confirmar el __________ hecho por ustedes. Les enviamos los __________ solicitados[1] por un __________ total de 500 euros. Les adjuntamos[2] la factura correspondiente. También estamos de acuerdo con las __________ de pago propuestas por ustedes. Les hacemos un __________ del 5%.
Sin más, les saludamos muy atentamente.

Rivas S.R.L.
Administración y Ventas

1) *hier: gewünscht*
2) adjuntar = *beiliegend senden*

25 Rp1

¿Cómo se llaman las diferentes partes del sobre[1]? Relacione.

remitente (Rte.)[2] | apellido | nombre | destinatario[3] | dirección del remitente | dirección del destinatario | código postal | país | ciudad

Abreviaturas útiles			
C/	calle	n°	número
Avda.	avenida	s/n	sin número
P°	paseo	esc.	escalera
Pza.	plaza	izda., izq.	izquierda
Diag.	diagonal	dcha.	derecha
ctra.	carretera	C.P.	código postal
e/	esquina	Apdo.	apartado postal[4]

1) *Briefumschlag*
2) *Absender*
3) *Empfänger*
4) *Postfach*

26 Rp2

Escuche seis situaciones al teléfono y marque lo que pasa en cada una.

Diálogo n° 1.
Diálogo n° 2.
Diálogo n° 3.
Diálogo n° 4.
Diálogo n° 5.
Diálogo n° 6.

a) No contestan.
b) La persona se ha equivocado de número.
c) La persona no está en la oficina.
d) Tiene el contestador automático conectado.
e) Comunican*.
f) La persona pide un número de teléfono.

* *Es ist belegt.*

¿No te apetece?

A. ¡Os esperamos a cenar el sábado!

1 p. 33

Aquí algunas personas describen diferentes costumbres en España y Latinoamérica. ¿Sabe de qué se trata?

mate | porrón | hamburguesa | desayuno | tortilla | caña

1. Es lo que tomamos después de levantarnos, antes de salir al trabajo o a la escuela. Generalmente es poco y ligero.
2. Es como un bocadillo de carne picada[1] frita que se ha popularizado sobre todo entre los jóvenes. Se puede comer a todas horas.
3. Es una comida hecha a base de patatas y huevos. En Centroamérica se usa la misma palabra para nombrar otra comida que está hecha a base de maíz y que acompaña a muchos platos típicos de la región, especialmente los frijoles.
4. Es una bebida que se prepara de forma parecida al té y que se toma en el sur de Latinoamérica. Proviene de las hojas de una planta del mismo nombre.
5. Es un recipiente[2] de forma muy especial que sirve para tomar vino a chorro, es decir, directamente del recipiente sin tocarlo con la boca.
6. Es el nombre de un vaso estrecho y alto con el que se bebe cerveza de barril[3] y que se pide en los bares.

1) *Hackfleisch* 2) *Gefäß* 3) *Fass*

2 A1

Coloque las palabras.

3 A3

Hablando de fiestas.

- ¿Le gusta invitar a gente o hacer una fiesta?
- ¿Qué le molesta cuando tiene invitados?
- Cuente el mejor recuerdo que tenga de una fiesta o de una reunión en su casa.
- ¿Recuerda algo desagradable de una fiesta en su casa?

4 A4

¿Cómo reacciona ante estas invitaciones?

1. • ¿Qué haces el viernes por la noche? Yo pienso hacer una reunión para festejar mi examen y quería invitarte. ¿Tienes ganas y tiempo?
   ○ ______________________________
2. • En dos semanas se presenta aquí el grupo de teatro catalán que nosotros queríamos ver. ¿Tienes tiempo? Las representaciones son solamente el jueves y el viernes.
   ○ ______________________________
3. • Esta noche pasan una película italiana en versión original. ¿Vamos?
   ○ ______________________________
4. • Invitación para el grupo de español: el 30 de este mes quiero hacer una cena para todos y todas. ¡No os olvidéis!
   ○ ______________________________
5. • ¿Tenéis algún plan para el sábado? Yo tengo ganas de hacer una excursión en bicicleta, si el tiempo sigue así. ¿Qué os parece? ¿Tenéis ganas?
   ○ ______________________________

5 A7

a) Hágale estas preguntas a un/a compañero/-a de curso y apunte lo que dice.

1. ¿Vas regularmente al cine? ¿Cada semana? ¿Una vez al mes?
2. ¿Cuándo fuiste por última vez al cine? ¿Qué película viste?
3. ¿Cuánto cuesta la entrada en tu ciudad?
4. ¿Vas solo/-a al cine?
5. ¿Qué tipo de película prefieres ver? (policíaca, cómica, histórica, de amor, de ciencia ficción)
6. ¿Tienes un lugar preferido para sentarte en el cine?

b) Ahora resuma lo que le ha contado su compañero/-a.

MODELO • Matthias me ha dicho que va...

6 A7

¿Puede transmitir lo que han dicho estas personas?

MODELO • Ha dicho que en su casa oye siempre ruidos raros por la noche.

1. "En mi casa oigo siempre ruidos raros por la noche."
2. "Yo no sé preparar ninguna comida típica, pero me gusta mucho la comida de esta región."
3. "Nuestros niños pasan el próximo fin de semana en casa de mis padres."
4. "Creo que usted tiene mi dirección antigua. Ya no vivo en Madrid."
5. "Nuestro horario es flexible y nos permite trabajar con mucha comodidad."
6. "Tu maleta es muy pequeña, prefiero llevar la mía."

7 A8

¿Puede transmitirle a su amigo las preguntas que le hacen al teléfono?

1. "¿Adónde va el viernes?"
2. "¿Qué tiene planeado hacer allí?"
3. "¿Va por motivos de trabajo?"
4. "¿Sale temprano?"
5. "¿A qué hora sale?"
6. "¿Cuántas horas de viaje son?"
7. "¿Se queda todo el fin de semana?"
8. "¿Quién lo acompaña?"
9. "¿Dónde se aloja?"

¡Feliz viaje!

Pregunta adónde vas el viernes.

____

____

____

____

____

____

____

____

8 A9

Usted ha recibido las indicaciones para llegar a la casa de unos amigos y ahora tiene que explicárselo a su amiga, que conduce.

MODELO • Dicen que primero tomemos la autopista número 45 y que...

9 A9

Una amiga que se va de vacaciones le ha pedido un par de favores. ¿Puede repetir lo que ella le ha dicho?

1. "Te envío una postal en los próximos días con mi número de teléfono."
2. "Te dejo la llave de mi piso para regar[1] las plantas y recoger el correo."
3. "Si necesitas mi coche puedes usarlo, está aparcado delante de mi casa."
4. "Por favor, devuelve el libro de gramática a la biblioteca."
5. "Cómprame café y leche para la vuelta[2]. No tengo nada en casa."
6. "Voy a regresar el 30 de junio por la noche. ¿Me recoges en la estación?"

1) *gießen* 2) *Rückkehr*

10 A9

¿Puede transmitir estos comentarios a un/a amigo/-a? Tenga en cuenta que puede usar:

Me ha preguntado... Me ha comentado...
Me ha dicho... Me ha aclarado/explicado...

1. Pedro: "Tu diccionario es muy completo. ¿Dónde lo has comprado? Estoy buscando uno igual."
2. Su profesora: "Tengo el material que me has pedido. ¿Podemos encontrarnos después de la clase? Así te explico cómo trabajar con él."
3. Laura: "Hace mucho que no os veo, a ti y a Pablo. ¿Podemos encontrarnos algún día de esta semana? Avísame y planeamos algo los tres. ¿Qué os parece?"
4. Sra. Müller: "No encuentro mi gramática. Creo que la he olvidado en clase. ¿Puedes preguntar en tu curso si alguien la ha visto?"
5. Vecinos de piso: "Queremos hablar con usted. Usted debe ser sordo* si necesita escuchar la música tan fuerte. ¡Es un horror!"
6. Julio: "Quiero vender mi coche porque ahora en la ciudad no lo necesito y uso siempre la bicicleta. ¿Tienes idea de cómo hacerlo?"
7. Tomás: "Daniela y yo estamos planeando pasar unos meses en Aragón. Y tú como aragonesa eres la persona justa para recomendarnos qué hacer en la región."
8. Su mujer/marido: "No sé qué regalarte para tu cumpleaños. ¡Ayúdame!"

* *taub*

11 A10

LERNTIPP

Der Gebrauch der Verben **ir – venir** und **llevar – traer** hängt davon ab, wo sich der Sprecher befindet. Wenn sich eine Person auf ihn zubewegt, verwendet er **venir** (kommen) und **traer** (mitbringen). In allen anderen Fällen wird **ir** (gehen) und **llevar** (mitnehmen) verwendet.
Sehen Sie sich die folgenden Zeichnungen an und beachten Sie die Übersetzung.

Complete las siguientes frases con ir – venir, llevar – traer.

1.

2.

3.

4.

5.

6.

12 A 10

a) Han llamado algunas personas y su amigo/-a ha tomado nota.
Reconstruya las frases que han dicho las personas.

1. Emilia: no puede venir el sábado. Tiene que ir a Málaga urgentemente. Te llama a la vuelta.
2. Pedro: esta tarde trae el libro de español. Ayer no tuvo tiempo.
3. Natalia: te recuerda que tienes que devolver los libros a la biblioteca. Que no te olvides.
4. Eduardo: pregunta si quieres ir al cine con él mañana. Que elijas tú la película.
5. del Banco Vizcaya: tienes que ir a firmar los documentos.

b) Compruebe con la casete.

B. ¿Un poco más de tortilla?

13 B1

a) ¿Dónde están estas cosas en la cocina?

MODELO • Los huevos están en la puerta de la nevera.

b) ¿Y dónde están estas cosas en su casa?

14 B3

¿Cuál / Cuáles / Qué prefiere?
Complete los diálogos y elija lo que más le guste.

1.

- Aquí tiene tres modelos diferentes.
  ¿ ______________________ prefiere?
- ○ Creo que me decido por _el de la izquierda_.

2.

- Esta vez no queríamos equivocarnos y decidimos traer las fotos de los posibles regalos. Tú decides. ¿ ______________ te gusta más?
- ○ ¡Por supuesto ______________________!

3.
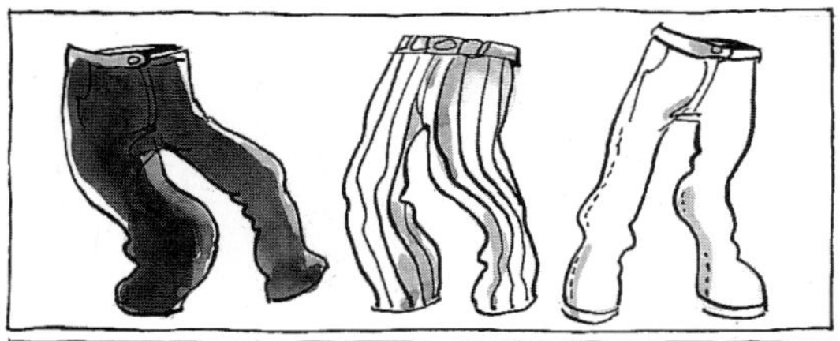

- Y ahora que ya se ha probado los tres, ¿________________________?
- ○ Creo que me llevo los blancos.

4.

- Mira, para el desayuno tengo únicamente lo que ves. ¿________________________?
- ○ Mejor tomo ________________________.

5.

- Mira, aquí te he traído los tres para que te decidas. ¿________________ para viajar?
- ○ ________________________.

6.

- Las tres son muy bonitas. ¿________________________?
- ○ Ya me he decidido. Quiero ________________.

15 B4

Nadie necesita su ayuda. Escriba los diálogos según el modelo.

MODELO
- Quieres que haga una torta?
- ○ No, gracias, ya he hecho una.

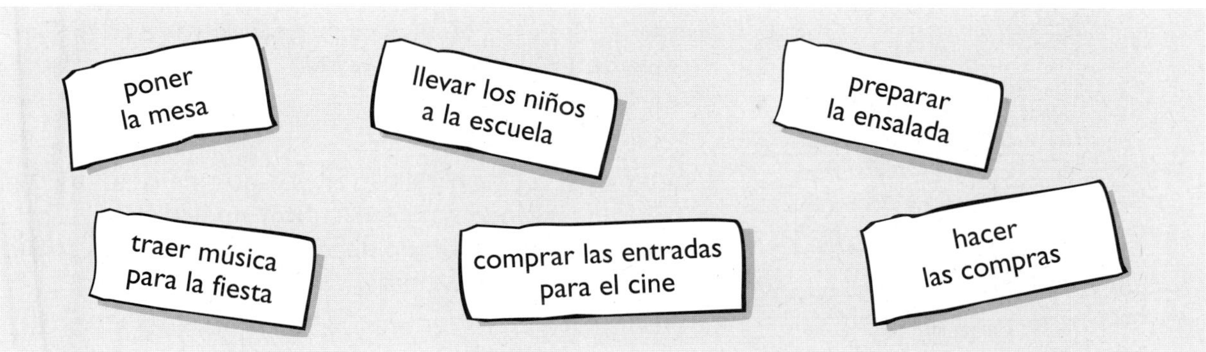

16 B4

¿Cómo ofrece ayuda en situaciones como éstas?

1. Un chico se cae con su bicicleta.
2. Una señora mayor lleva una maleta muy grande.
3. Una persona del curso ha faltado mucho a las clases de español.
4. Su compañero/-a de oficina tiene muchísimo trabajo y usted no.
5. Una persona tiene problemas con su coche.
6. Los vecinos de piso se van de vacaciones.

17 B5

Lea esta receta de cocina y complete las instrucciones con el imperativo.

Empanadas

Ingredientes

Relleno:
400 grs. de carne picada[1]
2 cucharadas de manteca[2]
2 cebollas
2 huevos duros
100 grs. de aceitunas verdes
100 grs. de pasas de uva[3]
sal, pimienta[4], pimentón[5]
(El relleno también puede ser de queso o de choclo[6].)

Masa:
1/2 kg. de harina[7]
150 grs. de manteca
2 yemas de huevo[8]
sal y azúcar

(poner) __________ a freír en una sartén las cebollas y la carne. *(añadirle)* __________ luego las aceitunas, las pasas de uva y los huevos duros bien picados. *(revolver)* __________ y *(condimentar)* __________ con sal, pimienta y pimentón.

(poner) __________ la harina en la mesa. *(hacer)* __________ un hoyo en el centro, *(poner)* __________ las yemas, el azúcar, la manteca y agua. *(amasar)* __________ todo. Luego *(dejar)* __________ descansar la masa una hora.

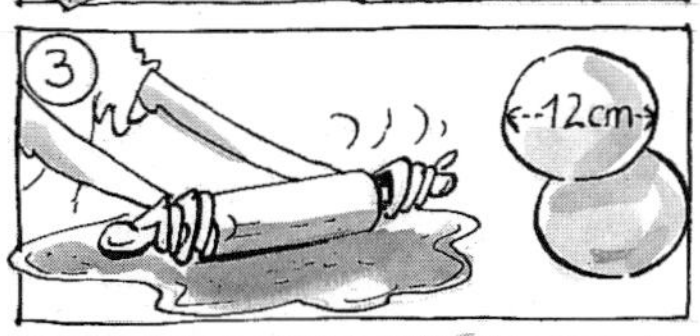

(estirar) __________ la masa con un rodillo hasta conseguir un espesor de 2 ó 3 cms. Luego *(cortar)* __________ la masa en discos de 12 cms.

(colocar) __________ el relleno en el centro de la masa y *(cerrar)* __________ uniendo las dos mitades. Y no *(olvidar)* __________ que para la unión de la masa debe humedecer con un poquito de agua los bordes de la masa.

(pintar) __________ las empanadas con la yema y *(ponerlas)* __________ en el horno.

(dejar las empanadas) __________ en el horno aproximadamente 20 minutos a 200° de temperatura.

¡Buen provecho!

1) *Hackfleisch* 2) *Butter (LA)* 3) *Rosinen* 4) *Peffer* 5) *Paprika (pulver)* 6) *Mais (LA)* 7) *Mehl* 8) *Eigelb*

C. Sanos por dentro, bellos por fuera

18 C2

a) "España con otros ojos".
El periodista José María Carrascal pasó más de treinta años fuera de su país. En este pequeño texto compara los hábitos de comida de los españoles y de los alemanes.

«Desayunar como un rey, comer como un burgués[1] y cenar como un mendigo[2]», es, según el refrán[3] alemán, el secreto de la buena salud. En España solemos hacer justo lo contrario: apenas desayunamos – una taza de café con una tostada, a veces de pie –, comemos ya más sustancialmente, pero siempre con prisas, y por las noches, ya sin preocupaciones, nos pegamos el atracón[4].

"España, con otros ojos", 1993

1) *Bürger* 2) *Bettler* 3) *Sprichwort* 4) *wir schlagen uns den Bauch voll*

b) ¿Y cuáles son sus hábitos de comida?

19 C5

a) Mire la publicidad y complete los comentarios que han hecho algunas personas sobre ella con las formas de subjuntivo o indicativo.

1. Yo creo que el futuro *(ir)* __________ a ser así.
2. No creo que la situación *(ir)* __________ a ser así en los próximos años.
3. No es verdad que no *(haber)* __________ respeto por la naturaleza.
4. Está demostrado que *(poder)* __________ cambiar esta situación en el futuro.
5. Yo no creo que *(ser)* __________ tan grave* la situación.
6. Me sorprende que las autoridades *(permitir)* __________ hacer este tipo de publicidad tan negativa.
7. Yo no pienso que este tipo de campaña *(servir)* __________ para hacer consciente a la gente de estos problemas.
8. Yo pienso que la contaminación del aire no *(tener)* __________ soluciones inmediatas.
9. Es cierto que *(hay que)* __________ hacer algo para proteger el medio ambiente.

* *schlimm*

b) ¿Comparte alguna de estas opiniones?

20 C6

a) Lea este artículo que salió en un periódico argentino.

Prohibido fumar

Empleados municipales fuman fuera del edificio comunal.

En San Isidro (provincia de Buenos Aires) a partir de hoy no se fuma más: durante un período de prueba de seis meses se ha prohibido fumar en las instalaciones de la Comuna Municipal y en los establecimientos públicos: tiendas, centros de comercio, bares, cafés, etc.

Esta ordenanza incluye además la prohibición de venta de tabaco a los jóvenes menores de 16 años.

Los dueños de bares, cafés y restaurantes están escépticos y a la vez preocupados porque tienen miedo de perder clientes. Por eso algunos ya planean reformar sus locales, para poder ofrecer espacio separado a los fumadores. Lamentablemente, la Comuna Municipal no ha previsto ningún tipo de apoyo económico para estas reformas.

Adaptado de "Clarín"

b) Diga su opinión sobre este artículo usando las siguientes expresiones:
me sorprende que, no sabía que, es verdad que, (no) creo que, etc.

21 C7

a) Éstas son las buenas intenciones* que tiene una persona al empezar el año.
Complete las frases con las formas del futuro.

1. *(hacer)* ______________ deporte dos veces por semana.
2. *(alimentarse)* ______________ mejor, comiendo más fruta y verdura.
3. *(ser)* ______________ más amable en la oficina.
4. Ya no *(gastar)* ______________ tanto dinero.
5. No *(enfadarse)* ______________ por cualquier cosa.
6. *(usar)* ______________ con mucha más frecuencia los transportes públicos.
7. *(ir)* ______________ regularmente a nadar.
8. *(salir)* ______________ menos por las noches durante la semana.

* *Vorsätze*

b) ¿Cuáles de estas buenas intenciones se propondrá usted para el próximo año?
Nombre por lo menos dos. ¿O tiene otras?

22 C7

a) Lea esta publicidad y relacione las definiciones con los objetos de la publicidad.

1. Objeto que sirve para sacar fotos, que luego puedes disfrutar mostrándolas a tus amigos.
2. Medio de transporte cómodo, económico y ecológico para recorrer la ciudad.
3. Hombre o mujer que vive en la ciudad y que hace deporte regularmente.
4. Objeto que sirve para escuchar tu música preferida y para ignorar los ruidos de la ciudad.
5. Bebida refrescante y natural que corta la sed 1).
6. Prenda de vestir muy cómoda que se usa para salir a correr, ir en bicicleta, caminar y pasear, ideal para la ciudad.
7. Bolso que se lleva a la espalda, muy práctico porque puedes transportar todo lo que necesitas durante el día.

Cargarás con todo el equipo. 2)

Ahora, Trinaranjus te regala miles de camisetas, mochilas, walkmen y cámaras fotográficas. Además sortea todos los meses premios especiales como 50 mountain-bikes, así puedes tener el equipo completo de un atleta urbano. Para participar en el sorteo de premios, debes relacionar las definiciones con los objetos de la publicidad.

b) Ahora complete las frases de esta publicidad con las formas del futuro.

Si encuentras las soluciones, envíalas rápido, así *(poder)* ________ participar en el sorteo y ganar alguno de estos premios, que *(hacer)* ________ de ti en el futuro un atleta urbano y que te *(ayudar)* ________ a disfrutar de la ciudad de una forma más sana y deportiva. Así *(poder)* ________ vivir la ciudad: caminar con el ritmo que tú mismo *(elegir)* ________ y *(escuchar)* ________ con tu walkman. Con la bicicleta *(moverse)* ________ fácilmente y no *(tener)* ________ más problemas con el tráfico. *(ver)* ________ la ciudad con otros ojos y *(tener)* ________ la posibilidad de documentarlo todo con tu cámara fotográfica. Esos momentos inolvidables luego los *(recordar)* ________ al volver a mirar las fotos.

1) cortar la sed = *den Durst löschen* 2) *Ausrüstung* 3) *städtisch*

23

Palabras, palabras, palabras...
Complete el mapa asociativo con las palabras y expresiones de esta unidad que quiera retener.

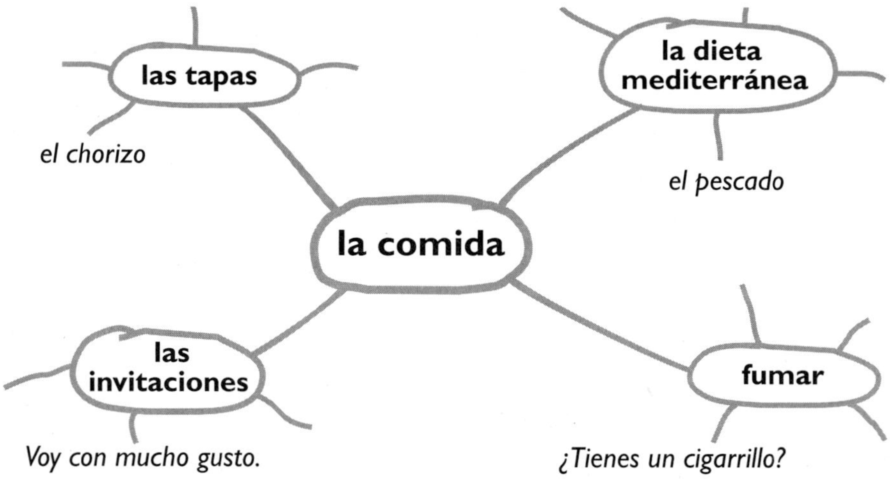

Rincón profesional

24

Relacione.
Aquí hay palabras que se refieren al mundo laboral. Relaciónelas con las siguientes definiciones.

congreso | reunión de trabajo | feria | exposición

1. Encuentro donde se discute sobre temas relacionados con el trabajo. Puede ser un encuentro interno del personal o también con clientes.
2. Encuentro a nivel nacional o internacional de representantes de empresas que muestran sus productos y presentan sus innovaciones. Generalmente dura varios días.
3. Evento [1] para un público especializado donde se tratan temas relacionados con la investigación. Se organizan ponencias [2] y podios de discusión.
4. Presentación de productos con fines comerciales.

1) *Ereignis* 2) *Vorträge*

25

Escriba una invitación.

Empresa Naltemar S.R.L.
Invitación: clientes de la empresa
Motivo: primer aniversario
Lugar: Restaurante "Vigo"
Fecha y hora : 5 de marzo, 21.00 hs.

26 Rp3

a) Usted está en la oficina y recibe dos llamadas para su compañera Ana Martínez, que hoy no está. Tome notas.

Para *Ana Martínez* Fecha *25/10*

Empresa/Sr./Sra. *Alto S.A. (Antonio Pereyra)* Teléfono

- (X) llamó
- ( ) estuvo
- (X) espera llamada
- ( ) volverá a llamar
- ( ) vuelve en otro momento
- ( ) quiere cita

Nota

Para Fecha

Empresa/Sr./Sra. Teléfono

- ( ) llamó
- ( ) estuvo
- ( ) espera llamada
- ( ) volverá a llamar
- ( ) vuelve en otro momento
- ( ) quiere cita

Nota

b) ¿Le puede transmitir los recados a su compañera?

27 Rp3

Hoy usted tiene un día tranquilo en su oficina y quiere ayudar a sus compañeros y compañeras de trabajo. ¿Cómo les ofrece su ayuda?

1. La señora Gómez tiene muchas cartas para pasar a máquina.
2. Antonio, su compañero de oficina, tiene que encontrarse con un cliente a las 14.00 hs., pero desde la mañana se siente mal y tiene que ir al médico.
3. Un cliente importante de la empresa ha llamado por teléfono desde el aeropuerto y pide que lo recojan. Nadie sabía que llegaba hoy y nadie tiene tiempo para ir al aeropuerto.

Revuelto

Die „Revueltos“ sind Wiederholungslektionen, daher finden Sie hier keine Verweise auf das Lehrbuch. Sie können die Übungen im Arbeitsbuch im Anschluss an die Aufgaben im Lehrbuch ausführen.

I

a) Aquí tiene diez fichas de dominó. ¿Puede colocarlas en el orden correcto?

b) Escriba en las fichas de dominó los nombres de los objetos.
Si algunos no los conoce, mire en el diccionario.

c) Aquí tiene más fichas de dominó. ¿Puede escribir la definición de los objetos?

2

a) Lea este artículo y busque un título.

A 3.600 metros sobre el nivel del mar, en un valle de la Puna, cerca de la Cordillera de los Andes en Argentina, se encuentra Varas: un pueblo de 360 habitantes, aislado y con poca comunicación con el resto del mundo.

El camino a las montañas es difícil, árido[1] y lento. A los lados del camino se ven de vez en cuando grupos de piedras con forma de pequeñas montañas que colocan los caminantes en homenaje a[2] Pachamama (la Madre Tierra). En el camino se ven también vicuñas[3], que aparecen y desaparecen como fantasmas.

Un grupo de empleados del Banco Credicoop de San Salvador de Jujuy visita todos los años este pueblito y entrega provisiones y material de estudio a la escuelita del pueblo. Ellos son los "padrinos" de la escuela. Durante el año juntan dinero en la capital de la provincia de Jujuy y con ese dinero la apoyan económicamente.

79 niños y niñas asisten a la escuela. Todos entusiasmados y contentos ven el bus que llega completamente lleno de libros, cuadernos y lápices,

zapatillas y ropa. También traen algo indispensable para pasar el tiempo duro y frío de la montaña: leña[4] y gasoil. Pero lo que despierta más alegría entre los alumnos son los dulces y helados, cosas que ven muy pocas veces en su vida.

La sorpresa se refleja en la cara de todos: los niños miran con grandes ojos a los visitantes y ellos miran con grandes ojos la majestuosidad del paisaje y sus colores.

Siempre que llegan los empleados del banco, se organiza inmediatamente una ceremonia de recepción: los niños y niñas y los profesores les dan la bienvenida con música y canciones que el viento y el eco de las montañas dispersan[5] y repiten en esas soledades.

Por la tarde, los visitantes regresan a su ciudad. Los que se van, vuelven sus cabezas para ver las casitas y la gente de Varas perdiéndose entre las montañas. Los que se quedan, observan la caravana que cada vez se hace más pequeña entre las curvas del camino.

Adaptado de "Acción", n° 636

1) *dürr* 2) *zu Ehren von* 3) *Lama-Art* 4) *Brennholz* 5) dispersar = *zerstreuen*

b) Formule dos frases, una con información correcta, la otra con información falsa. Léalas, los otros dicen cuál es la falsa y la corrigen.

3

Si encuentra el infinitivo de estos verbos, descubrirá una palabra que expresa admiración.

1. empiece
2. salgáis
3. vayan
4. hagamos
5. venga
6. digas
7. publiquemos
8. llegue
9. pongan
10. sirvan
11. conduzca

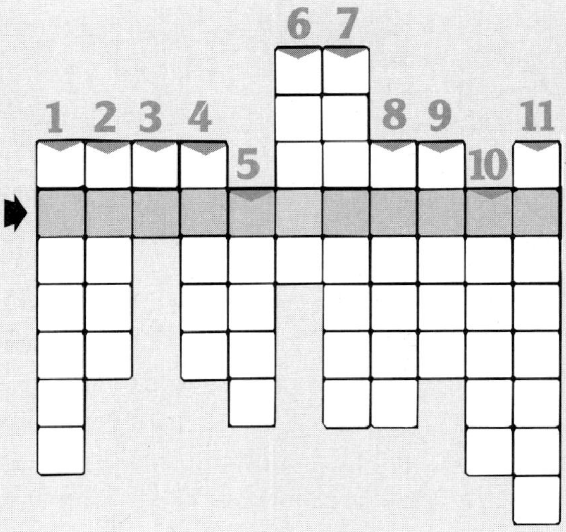

4

a) Si quiere suscribirse a* una revista, ¿cuáles son los aspectos más importantes para usted? Lea y complete el cuestionario con las formas del subjuntivo correspondientes.

¿Qué le pide usted a una revista?

Que *(ser)* __________ ☐ semanal ☐ mensual ☐ trimestral ☐ semestral.

☐ Que *(tener)* __________ una buena calidad de presentación.

☐ Que *(ofrecer)* __________ mucha información visual (fotografías, dibujos, gráficos, estadísticas...).

☐ Que *(estar)* __________ impresa en papel reciclado.

☐ Que *(poder)* __________ coleccionarse.

☐ Que el precio *(ser)* __________ razonable.

☐ Que *(publicar)* __________ muchos artículos interesantes.

☐ Que *(dedicarse)* __________ a estos temas:

☐ política ☐ literatura ☐ deporte ☐ moda ☐ de todo un poco ☐ __________.

☐ Que los periodistas *(trabajar)* __________ con sentido crítico.

☐ Que *(permitir)* __________ el diálogo con los lectores.

☐ Otros aspectos: __________________________

* *abonnieren*

b) Ahora marque los aspectos que son más importantes para usted a la hora de suscribirse a una revista.

5

Un amigo suyo con poca experiencia en la búsqueda de un piso necesita un par de consejos. ¿Qué le recomienda? Escriba cinco frases.

MODELO • Es importante que pongas un anuncio en el periódico local.

6

a) Lea esta caricatura.
¿De qué se queja el señor?

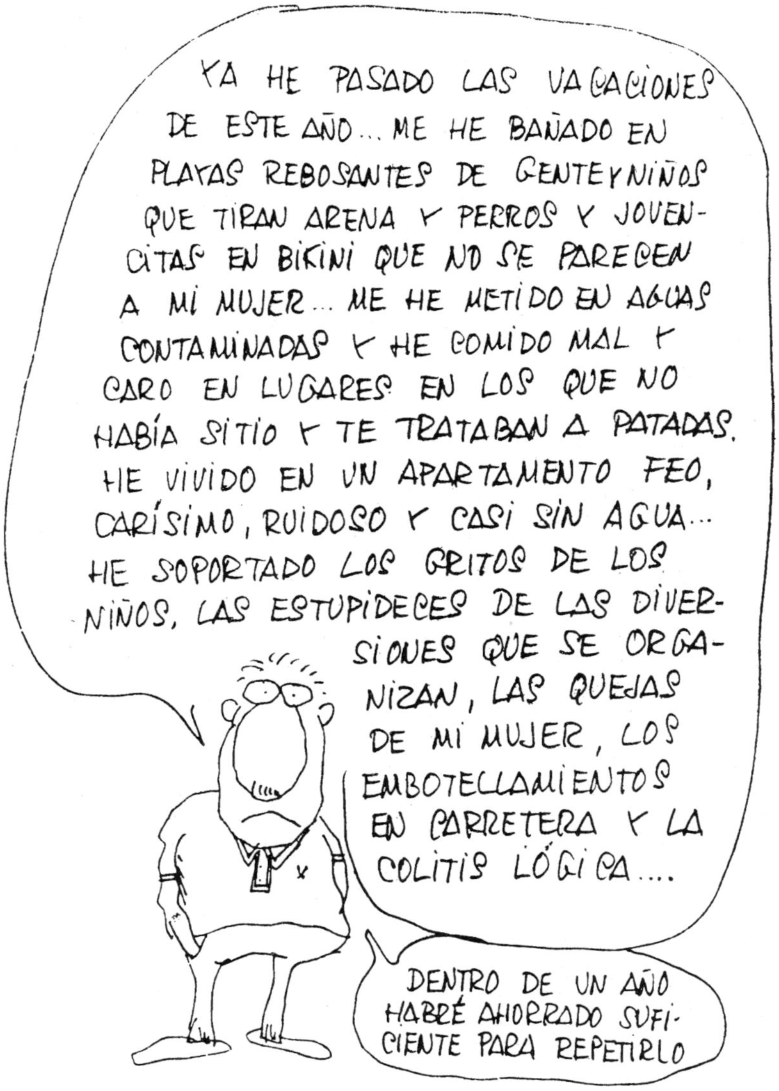

1) rebosante = *überfüllt*
2) tratar a patadas = *jmd. mit Füßen treten*
3) la estupidez = *Stumpfsinn*
4) el embotellamiento = *Stau*
5) la colitis = *Durchfall*
6) ahorrar = *sparen*

b) ¿Qué hará este señor en las próximas vacaciones?

7

Alguien llama a la agencia de viajes para hacer una reserva. Escuche y tome notas.

RESERVA

Nombre del viajero ____________
Destino ____________
☐ ida ☐ vuelta
Fecha ________ Hora ________
Compañía Aérea ____________
Vuelo Nro. ____________
Forma de pago ____________

8

Vuelva al mapa de Guatemala, pág. 25.
Piense en uno de los departamentos y describa a su compañero/-a dónde se encuentra. Él/Ella tiene que adivinarlo. Luego, al revés.

9

Mire esta caricatura. ¿Por qué se ríen el camarero y el cocinero?

Quino, "Bien, gracias, ¿y usted?"

10

Complete las frases con las preposiciones "a, de, en".

1. Cuando voy al campo me gusta ir ______ bicicleta.
2. En las noches frías de invierno voy ______ la casa ______ unos amigos para jugar ______ las cartas.
3. Sí, es verdad, soy ______ Vigo, pero vivo ______ Almería.
4. ______ mí no me gusta aprender las cosas ______ memoria porque luego las olvido rápidamente.
5. ______ realidad no me gusta tomar el sol, pero estar ______ la playa me fascina.
6. Vengo ______ Costa Rica. Estoy sólo ______ vacaciones.
7. Traducir textos ______ español ______ alemán es fácil para mí, pero al revés es muy difícil.
8. "Querida, pienso muchas veces ______ ti, pero nunca te escribo. Perdóname."
9. Hoy es un día muy especial y tengo ganas ______ festejarlo.
10. He llamado muchas veces ______ Eduardo por teléfono y nunca está ______ casa. ¿Sabes qué hace, dónde está?

11

LERNTIPP

Cómo retiene nuestra memoria.

Sie haben sicher auch schon die Erfahrung gemacht, dass Sie sich manche Dinge gut, andere wiederum sehr schlecht merken können. Es sind ganz verschiedene Faktoren, die das Behalten beeinflussen.
Es kommt darauf an, mit welchen Sinnen wir etwas aufnehmen. Sehen Sie sich die folgenden Beispiele an und schätzen Sie, wie viele Informationen wir jeweils behalten. Sprechen Sie mit anderen Kursmitgliedern darüber und schlagen Sie danach die Angaben im Anhang nach.

Wir behalten

[10] % von dem, was wir lesen

[ ] % von dem, was wir hören

[ ] % von dem, was wir sehen

[ ] % von dem, was wir hören und zugleich sehen

[ ] % von dem, was wir selbst sagen

[ ] % von dem, was wir selbst tun

Wie Sie sehen, ist es wichtig, Informationen mit möglichst vielen Sinnen aufzunehmen. Einfaches Lesen oder Zuhören führt nicht zu gutem Behalten. Überprüfen Sie einmal Ihre eigenen Lerngewohnheiten. Nehmen Sie aktiv an Ihrem Lernprozess teil und nutzen Sie jede Gelegenheit, in der Fremdsprache zu sprechen und zu handeln.

12

a) ¿Recuerda? Relacione los diálogos con estas situaciones.

- ○ cómo presentar a alguien
- ○ cómo pedir favores y reaccionar ante ellos
- ○ cómo dejar la decisión a otra persona
- ○ cómo quejarse y reaccionar ante las quejas
- ○ cómo invitar a alguien y aceptar o rechazar una invitación
- ○ cómo ofrecer algo y reaccionar ante el ofrecimiento
- ○ cómo dar recados y decir lo que otra persona ha dicho

1. *¿Me traes una caña?* – *Claro.*
2. *¿Cómo es que no han limpiado la habitación todavía?* – *Perdone, pero una de las señoras de la limpieza no ha podido venir.*
3. *Enrique me ha dicho que va a venir el fin de semana.*
4. *¿Qué le regalamos a Ana?* – *Lo que quieras.*
5. *Éste es Javier Soler.* – *Encantada.*
6. *¿Quieres otro trozo de pastel?* – *Lo siento, no puedo más.*
7. *¿Vienes a festejar mi cumpleaños?* – *Lo siento, es que tengo otra cita.*

b) En grupos. Elijan una de las situaciones y formulen más diálogos.

Cuestión ciudadana

A. Grandes metrópolis

1 p. 53

a) Mire otra vez las fotos del libro del alumno (pág. 53) durante un minuto.
Luego cierre el libro e intente describir una de ellas utilizando: "en primer plano", "en segundo plano", "a la derecha", etc. Su compañero/-a dice de qué foto se trata.

b) Estas fotos y escenas ciudadanas, ¿le recuerdan otros lugares del mundo?

2 A2

a) Aquí tiene las explicaciones de algunas palabras que aparecen en el poema del libro del alumno (pág. 54). ¿Qué palabras son? Complete el crucigrama.

1. Pobreza, falta de lo necesario para poder vivir.
2. Lugar donde se encuentran dos calles.
3. Material de color negro que se usa para construir calles y carreteras.
4. Persona que se dedica profesionalmente al comercio.
5. Situación de no estar o no vivir acompañado.
6. Edificio público para cultos religiosos.
7. Líquido que produce el cuerpo cuando hace calor, cuando se practica deporte, etc.
8. Lugar donde se reúnen personas que compran y venden valores[1] y acciones[2].
9. Persona que limpia los zapatos, generalmente en la calle.
10. Aparato que sirve en un edificio para subir y bajar de un piso a otro.

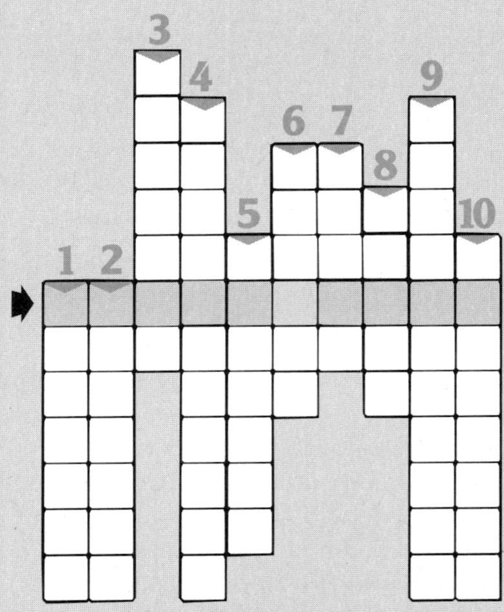

1) *Wertpapiere* 2) *Aktien*

b) Escriba una frase utilizando dos de estas palabras.

3 A2

¿Cuál es el significado correcto?

1. rascacielos
   a) ventana
   b) edificio muy alto
   c) punto de vista
2. estío
   a) invierno
   b) mañana
   c) verano
3. lentes
   a) cámaras
   b) gafas
   c) corbatas
4. acero
   a) árbol
   b) atasco
   c) metal duro
5. prisa
   a) cantidad pequeña
   b) maleta
   c) falta de tiempo

4 A2

a) **Escuche estos ruidos y trate de identificarlos.**

1. ________ 2. ________ 3. ________ 4. ________ 5. ________ 6. ________

b) **Lea este texto del periodista español J. M. Carrascal y marque los ruidos que nombra.**

Ruido

¿Se han dado cuenta ustedes de que cuando empieza la publicidad en la televisión, sube el volumen[1]? Es una estrategia de los publicitarios para atraer nuestra atención, incluso si no miramos la televisión, como ocurre con frecuencia. Uno tiene la impresión al llegar a España que todo se hace de repente más ruidoso. El cerrar una puerta, el arrastrar[2] una silla, el hablar con el amigo, y no digamos ya con el enemigo. «España es un país ruidoso», sería una definición para nuestro país.
Indiscutiblemente, a los españoles nos gusta el ruido. Y a las españolas. Un patio español es una mezcla de ruidos de radios, cantos, ruidos de ascensor y conversaciones de ventana a ventana a voz en grito. Da la impresión de que hasta el tirar de la cadena del wáter[3] el español lo hace de la manera más enérgica posible.

Adaptado de "España, con otros ojos", 1993

1) *Lautstärke* 2) *(ver)rücken* 3) *die Klospülung betätigen*

c) **Escuche otra vez los ruidos de la casete y relaciónelos con los que nombra el texto.**

5 A2

a) **Imagine los ruidos que hay en la ciudad que describe el poema de la pág. 54 del libro del alumno.**

b) **¿A usted le molesta el ruido? ¿Qué tipo de ruido le molesta especialmente?**

6 A3

a) **¿Ha estado alguna vez en estas ciudades? ¿Qué tal fue?**

Sevilla, Praga, Copenhague, Nápoles, Barcelona, Múnich, Moscú, Basilea, México D.F., Londres, París, Viena, Río de Janeiro, Amsterdam, Santiago de Chile, Berlín, Lisboa, San Francisco, La Habana, Madrid

Estuve en ________ hace ________. Lo que más me gustó fue ________.
Visité ________. Lo más difícil/complicado fue ________.

b) **¿Le gustaría visitar alguna de estas ciudades? ¿Cuál? ¿Por qué?**

7 A3

Piense en el lugar donde vivía usted cuando era pequeño/-a.
¿Cómo era? ¿Dónde estaba su casa, la escuela, algunos edificios o lugares importantes? ¿Qué ha cambiado o qué imagina usted que ha cambiado?

Cuando era pequeño/-a, vivía en...
Mi casa estaba en...
Hoy la escuela...

8 A4

¿Qué cosas son importantes para usted en estas situaciones?
Diga su opinión utilizando: "en primer/segundo/tercer/último lugar", "sobre todo", "por lo menos", "como mínimo".

1. cuando tiene que buscar un piso
2. cuando compra un regalo de cumpleaños
3. cuando tiene que comprar un diccionario
4. cuando planea sus vacaciones

MODELO • En primer lugar, el piso tiene que estar en un barrio tranquilo.

9 A4

Complete y luego conteste las preguntas. ¿Conoce usted...

1. ... una ciudad que no *(tener)* *tenga* ____________ tráfico en el centro?
2. ... una ciudad que *(ser)* ____________ muy tranquila?
3. ... una ciudad que *(tener)* ____________ muchísimos atascos?
4. ... una ciudad grande que *(estar)* ____________ cerca del mar?
5. ... a alguien que *(vivir)* ____________ en una ciudad que no le guste?

MODELO • Sí, por ejemplo...

10 A5

Complete las frases con indicativo o subjuntivo.

1. Todos necesitamos amigos que nos *(apoyar)* ____________ en los momentos difíciles.
2. Tengo amigos que *(ver)* ____________ pocas veces pero que *(apreciar)* ____________ mucho.
3. Me encuentro frecuentemente con una amiga que *(conocer)* ____________ desde la infancia.
4. En mi barrio hay un bar donde siempre *(encontrar)* ____________ a amigos y conocidos.
5. Quiero vivir en un lugar donde *(hay)* ____________ más actividades culturales.
6. Estoy buscando un quiosco donde *(vender)* ____________ periódicos españoles.

11 A7

a) ¿Qué habría que reparar?
A usted le gustaría comprar esta casa, pero ¡hay que hacer bien los cálculos!

MODELO
- El techo está roto. Habría que arreglarlo.
- La fachada está en mal estado. Tendría que pintarla.

b) ¿Compraría esta casa?

c) Usted tiene 10.000 euros a su disposicón para renovar su casa. ¿Qué cambios le gustaría hacer?

MODELO
- Yo pondría parqué en el salón.

12 A9

Una las frases usando pronombres relativos.

MODELO
- "Habitat" es el nombre de una conferencia mundial **en la que** se discute sobre el futuro...

1. "Habitat" es el nombre de una conferencia mundial. En esta conferencia se discute sobre el futuro de las ciudades.
2. Mucha gente quiere vivir y trabajar en lugares agradables. En estos lugares otras personas pasan sus vacaciones.
3. Los urbanistas han preparado un informe. De este informe todavía no se conoce el contenido.
4. Los investigadores urbanos han presentado un plan de trabajo. Con este plan trabajará el gobierno el próximo año.
5. El Ayuntamiento planea apoyar a las personas de la periferia metropolitana. Les van a ofrecer un programa de créditos para la vivienda.
6. Hoy el alcalde habló en una entrevista sobre la situación de los barrios. En estos barrios no hay suficiente transporte público.

13 A9

LERNTIPP

In „Caminos“ haben Sie bereits die meistgebrauchten Relativpronomen kennengelernt. Hier eine Übersicht.

que:	Aquí está el libro **que** he comprado.
Präposition + *Artikel* + que:	Buenos Aires es la ciudad **en la que** nació el tango.
lo que:	**Lo que** más me cuesta es la gramática.
donde:	La ciudad **donde** viven mis padres es muy bonita.

Hier sehen Sie weitere Relativpronomen, die Ihnen vielleicht einmal begegnen werden. Versuchen Sie, die Beispielsätze zu übersetzen.

quien /quienes *(oft mit Präp.)*:	El chico **con quien** voy a España es portugués.
el / la que, los / las que:	La señora Rubio es **la que** vive en el segundo piso.
cuyo /-a /-os /-as:	Hoy se presenta el grupo de teatro "Vida" **cuya** directora es ya conocida por sus comedias.

Wie Sie sehen, richtet sich **cuyo/-a** im Gegensatz zum Deutschen (dessen/deren) in Geschlecht und Zahl nicht nach dem vorangehenden, sondern nach dem folgenden Substantiv. In der gesprochenen Sprache ist **cuyo/-a** kaum von Bedeutung.

14 A11

a) Lea este texto sobre el Tango Nuevo.

Ástor Piazzolla, bandoneonista argentino, es uno de los creadores del *Tango Nuevo*, que se diferencia del tango tradicional, conocido en todo el mundo por su ritmo marcado y claro.
En los primeros tiempos, a fines de los años 60, cuando Piazzolla interpretaba el *Tango Nuevo*, los defensores del tango tradicional protestaban diciendo que lo que componía Piazzolla no era tango.
Una vez, en una entrevista a la prensa, declaró: "Estoy cansado que todo el mundo diga que mi música no es tango. A esa gente le diría: Está bien. Mi música es la música de la ciudad de Buenos Aires. ¿Y cómo se llama la música de Buenos Aires? Tango, ¿verdad? Pues, entonces lo mío también es tango."

Hoy se reconoce al *Tango Nuevo* como la música que refleja la ciudad, su movimiento, sus peligros, soledades, dramas...

b) Escuche un fragmento de Tango Nuevo.

¿Qué sensación le produce? ¿Refleja para usted el ritmo de una gran ciudad?

B. La hora punta

15

El servicio de ayuda ha recibido algunas llamadas telefónicas. Escuche y tome notas.

	Problema	Tipo de coche	¿Dónde se encuentra el coche?
1.	*sale humo del motor*		
2.			
3.			
4.			

16

¿Tiene coche? ¿Sabe qué hacer cuando pasa esto?

1. Cuando sube la temperatura, tiene que ______________________________
2. Cuando llueve, es importante que funcionen ______________________________
3. Cuando se pincha una rueda, ______________________________
4. Cuando el marcador de gasolina está en rojo, ______________________________
5. Cuando los faros no funcionan, ______________________________

17

Los padres le han comprado a su hija la moto que deseaba.
Este fin de semana, ella se ha ido de excursión con sus amigos para probarla. Es domingo por la noche y los padres están esperando a su hija. Lea lo que piensa su madre y complete usando el perfecto de subjuntivo.

1. Ojalá *(llegar)* *hayan llegado* bien.
2. Ojalá que no *(haber)* ______________ atasco en la carretera.
3. Espero que *(conducir)* ______________ con precaución.
4. Espero que *(disfrutar)* ______________ del viaje.
5. Espero que *(conseguir)* ______________ un buen cámping.
6. Ojalá no *(irse)* ______________ a la playa con la moto.
7. Espero que el tiempo *(ser)* ______________ bueno, sin mucho viento.
8. Me sorprende que no *(llamar)* ______________ por teléfono todavía. Quizás *(olvidarse)* ______________.
9. Ojalá no *(tener)* ______________ ningún problema con la moto.

18 B2

Formule lo que piensan estas personas sobre el accidente.
Utilice "espero que" o "es posible que", según el caso.

MODELO
- Espero que no sea nada grave.
- Es posible que no hayan funcionado los frenos de la bicicleta.

1. No es nada grave.
2. No hay heridos[1].
3. No han funcionado los frenos de la bicicleta.
4. Al ciclista[2] no le ha pasado nada.
5. No ha visto el semáforo en rojo.
6. El conductor del coche no ha visto al ciclista.
7. La bicicleta se puede reparar.
8. Ya han avisado a la policía.
9. La policía llega pronto.
10. El seguro paga los gastos.

1) *Verletzte* 2) *Radfahrer*

19 B3

¿Qué diría usted en estas situaciones?
Utilice las expresiones de la pág. 59 del libro del alumno.

1. Anuncian por el altavoz que su avión tiene 7 horas de retraso.
2. Van a subir su sueldo al doble.
3. Usted lleva dos niños pequeños, no ha reservado asiento y el tren está completamente lleno.
4. Una amiga suya le comenta que ha ganado mucho dinero en la lotería.
5. Un amigo de la infancia se le acerca en una fiesta y le pregunta si se acuerda de él.
6. Acaba de llegar el cartero con la carta que usted tanto esperaba.
7. Ha conseguido la última entrada para su ópera favorita.
8. Usted está haciendo cola en Correos y cuando es su turno, cierran la ventanilla.
9. Usted quiere ir a cenar con un amigo y él le pregunta cuándo quedan. Usted no tiene preferencias.

20 B4

¿Qué habrá pasado?
Busque tres explicaciones posibles para cada situación.

MODELO
- Quizá se haya olvidado de la cita.

1. Está esperando desde hace una hora a una amiga que normalmente es muy puntual.
2. Al llegar a la puerta de la casa, usted no encuentra sus llaves.
3. Hoy es su cumpleaños y nadie le felicita.

21 B5

¿Qué significan estas señales de tráfico?

1. parada de autobús 2. ______ 3. ______ 4. ______ 5. ______

6. ______ 7. ______ 8. ______ 9. ______ 10. ______

22 B6

a) Relacione las columnas para formar palabras o expresiones que aparecen en el texto de las multas (libro del alumno, pág. 61).

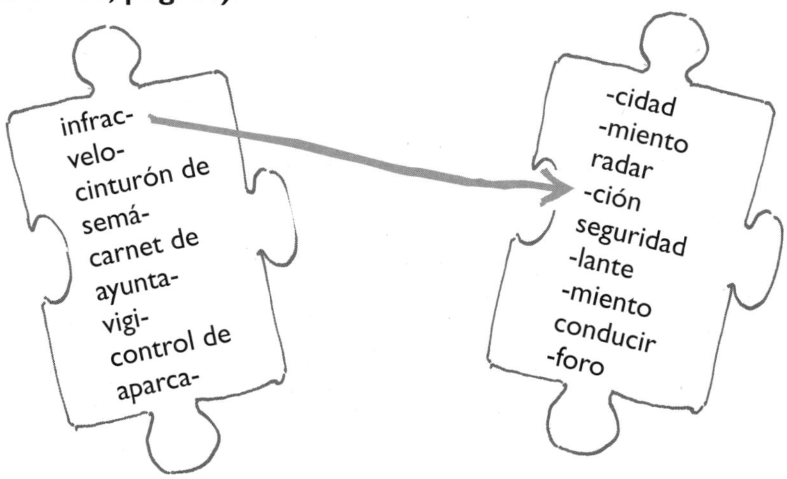

b) ¿Qué significan estas palabras en alemán?

c) En el texto aparecen también estos números. Léalos en voz alta. ¿A qué se refieren?

18.500 ______ 600.000 ______

3.100.000 ______ 20.000 ______

400 ______

23 B6

Éstas son las siete infracciones más frecuentes que provocan accidentes en España.
Relacione los dibujos con las explicaciones correspondientes.

2.

3.

4.

5.

6.
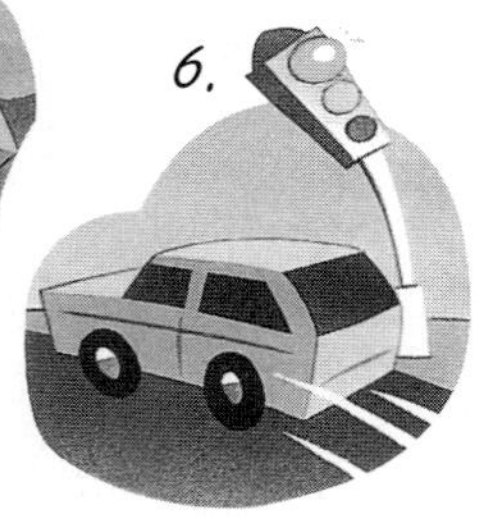

1.

7.

- [ ] Velocidad inadecuada para las condiciones.
- [ ] Conducir sin prestar atención.
- [1] Adelantamiento antirreglamentario.
- [ ] No respetar la prioridad*.
- [ ] No respetar el semáforo.
- [ ] No respetar la señal de stop.
- [ ] No mantener la distancia de seguridad.

* *Vorfahrt*

24 B6

a) Complete el texto con los verbos en la forma de pasado correspondiente.

Hace dos semanas *(tener)* tuve que ir a Madrid porque tenía la posibilidad de presentarme para un trabajo que me *(interesar)* __________ mucho. Pero el viaje a Madrid es caro y yo en ese momento *(tener)* __________ poco dinero. Una amiga me *(decir)* __________ que *(hay)* __________ una agencia de coche compartido y me *(dar)* __________ el número de teléfono. Así es que *(llamar)* __________ a la oficina donde una señora *(tomar)* __________ mis datos personales, me *(explicar)* __________ las condiciones y *(prometer)* __________ llamarme.
Cuatro horas más tarde me *(avisar)* __________ de un viaje a Madrid para el día siguiente a primera hora de la mañana.
Yo *(preparar)* __________ mi mochila y todos mis papeles, y a la mañana siguiente *(estar)* __________ esperando al Seat azul de la señora con la que *(tener)* __________ que viajar.
De pronto *(llegar)* __________ el coche y la que se bajó era Isabel. ¡No lo podía creer! Isabel es una amiga de la escuela a la que no *(ver)* __________ desde hace por lo menos cinco años. ¡Increíble! Total, que emocionadas y contentas *(hacer)* __________ un viaje espléndido a Madrid.
El puesto, lamentablemente, no lo conseguí. Tomaron a otra persona.

b) ¿Existe este tipo de oficinas también en su país?
¿Ha tenido alguna experiencia con esta forma de viajar?

C. Hablando de barrios

25 C1

Aquí tiene algunas informaciones sobre Mario Benedetti.

Traducido a más de veinte idiomas, con más de 50 años recorriendo todos los géneros literarios (poesía, novelas, cuentos, ensayos, periodismo), el uruguayo Mario Benedetti es uno de los más importantes autores latinoamericanos. Como muchos otros, conoció la experiencia del exilio: en 1973 debió dejar su país por problemas políticos y vivió primero en Argentina, luego en Perú, Cuba y España. Actualmente vive otra vez en Uruguay. Algunos de sus títulos publicados son: Inventario (poesía), Pedro y el capitán (teatro), Primavera con una esquina rota (novela), La Tregua (novela), Geografías (cuentos y poemas), Andamios (novela).

26 C6

Aquí tiene algunas informaciones sobre el barrio de L'Eixample en Barcelona.
Complete las frases con la voz pasiva.

En el centro de Barcelona se encuentra un barrio muy especial: L'Eixample – que significa "Ensanche" (ampliación) en castellano. Esta zona es el resultado de la expansión económica e industrial de la ciudad en el siglo XIX. En 1853 *(destruir)* fueron destruidas las murallas medievales que rodeaban la ciudad y *(construir)* ________________ un barrio nuevo según el plan del ingeniero Ildefons Cerdà. La construcción de este barrio *(realizar)* ________________ en un período de 70 años con la siguiente característica: tenía que tener calles perpendiculares* y paralelas al mar, formando así cuadrados en cuyo centro se debían construir jardines y espacios verdes. Por eso el proyecto *(llamar)* ________________ "ciudad jardín". Pero con el correr del tiempo se fueron haciendo modificaciones en el plan original de Cerdà y esos espacios verdes no *(respetar)* ________________. Hoy *(usar)* ________________ como patios, terrazas, aparcamientos, etc. Muchos de los edificios *(proyectar)* ________________ por arquitectos modernistas catalanes. Por eso, hoy este barrio *(considerar)* ________________ uno de los más representativos de la arquitectura de ese período en

Europa. Los lugares que hay para visitar son innumerables: la Casa Milá, la Casa Batlló y la catedral de la Sagrada Familia –obras que *(realizar)* ________________ por Antonio Gaudí– o el Hospital de Sant Pau, realizado por Lluís Domènech i Montaner, para nombrar algunos de ellos. Caminar hoy por sus calles es disfrutar cada fachada, cada plaza, cada balcón, cada escultura...

* *senkrecht*

27

Palabras, palabras, palabras...
Complete el mapa asociativo con las palabras y expresiones de esta unidad que quiera retener.

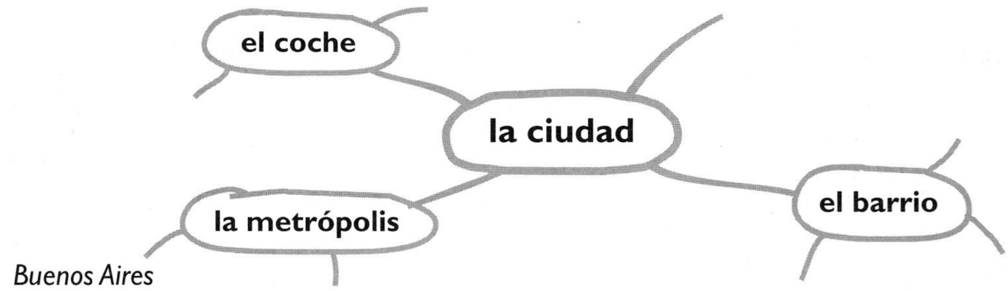

Rincón profesional

28

Aquí tiene algunas de las condiciones de una empresa que alquila coches.
Complete las frases con las palabras adecuadas.

a cargo | cubre | causados | cobrarán | sin cargo | incluido | recoger

1. El cliente puede ____________ y entregar el coche en cualquier estación o aeropuerto de Europa.
2. En el precio está ____________ el seguro obligatorio y el seguro contra robo e incendio.
3. El seguro no ____________ ni los daños de los neumáticos ni las pérdidas por robo.
4. El combustible consumido será ____________ del cliente.
5. Extras ____________: mapas, cadenas para la nieve, asientos para niños. Son una atención especial de la empresa a sus clientes.
6. El cliente es responsable de los daños ____________ por el mal uso del automóvil. Se ____________ en factura adicional.

29

Al devolver el coche... Escuche y tome notas.

	¿Qué problema tiene la persona?	¿Cómo se soluciona?
1.		
2.		
3.		

Movilidad

A. Ampliar fronteras

1 p. 67

a) Busque los versos en el poema de Gloria Fuertes (libro del alumno, pág. 67) que corresponden a estos comentarios.

1. Dice que somos muchas personas y que el mundo es en realidad un pueblo.
2. Según ella, todos pertenecemos a la misma familia.
3. Afirma que hoy estamos informados de todo lo que pasa en el mundo.
4. Dice que los medios de comunicación y los transportes han eliminado las distancias en el mundo.

b) Según su opinión, ¿el poema es optimista o pesimista? ¿Por qué?

2 p. 67

a) ¿Quiere saber algo más sobre Gloria Fuertes? Escuche lo que cuenta una española.

b) ¿Qué información le impresionó más?

3 A1

Ordene las partes del texto.

Migraciones

La migración no es un fenómeno reciente. Tanto el movimiento de personas y a veces de pueblos enteros como las causas que los llevan a dejar sus tierras han existido siempre.

○ Actualmente, la política migratoria en el mundo es muy estricta. Amnistía Internacional ha declarado incluso que en algunos países no se respetan ni los derechos fundamentales de los inmigrantes. La xenofobia y la falta de tolerancia de la gente son peligros y amenazas* constantes para ellos.

* *Bedrohungen*

○ Si estas tendencias continúan, es probable que en un futuro no muy lejano, la migración sea un privilegio reservado solamente a unos pocos.

○ Los motivos que provocan las migraciones son muy diversos: desde guerras, hambre, problemas políticos, religiosos, económicos hasta motivaciones muy personales como el estudio, los intereses profesionales, el amor, etc. Pero no todas las personas que necesitan o quieren emigrar pueden hacerlo porque las fronteras se abren y se cierran de acuerdo a la política de cada país.

4 A1

Ayer – hoy – mañana.
Transforme estas frases, usando la otra forma para comparar.

1. Ahora la gente está más informada que antes.
   Ahora la gente está más informada de lo que estaba antes.
2. Las nuevas tecnologías se han aceptado, pero se critican más que antes.
   ____
3. Hoy la gente tiene más vacaciones que antes.
   ____
4. Actualmente hay más actividades para el tiempo libre que antes.
   ____
5. Hoy hacemos más viajes que antes.
   ____
6. Los transportes públicos tendrán que funcionar mejor que hoy.
   ____
7. La responsabilidad ecológica de las personas será en el futuro mayor que hoy.
   ____
8. La lucha por mantener los bosques en el mundo será en los próximos años más intensa que hoy.
   ____

5 A4

Transforme estas frases usando expresiones con "mismo/-a".

MODELO • Yo he pedido la misma comida que tú.

1. "Yo he pedido *una comida igual a la tuya.*"
2. "¿Qué película quieres ver? Decide tú, a mí *me da igual.*"
3. "Son siempre *estas personas* las que organizan las fiestas."
4. "¿Quieres té? Lo puedo preparar *inmediatamente.*"
5. "Mira, Eva, estos documentos son muy importantes para mí. Por eso quiero que los entregues *tú personalmente* en la recepción."
6. "*En este preciso momento* empiezo a preparar la mochila para el viaje."
7. "No, no son rumores que escuché en la empresa. No, me lo dijo *directamente el director.*"
8. "He comparado mi test de gramática con el de Amalia. Tenemos *resultados iguales* y hemos cometido *errores casi iguales.*"
9. "Este proyecto es muy urgente. Tengo que empezarlo *hoy inmediatamente.*"

6 A5

a) Estas palabras aparecen en la canción de Juan Manuel Serrat (libro del alumno, pág. 70).
Relaciónelas con la parte correspondiente del dibujo.

la aldea | el Mediterráneo | los pinos | las cañas | el atardecer | la barca | el cielo | la playa | el monte | el recodo del camino

b) ¿Qué asocia usted con el Mediterráneo?

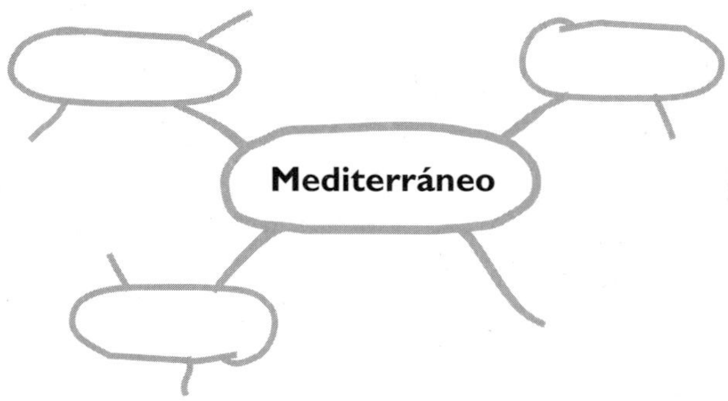

B. En camino

7 B1

Busque los contrarios numerando las fichas de dominó.

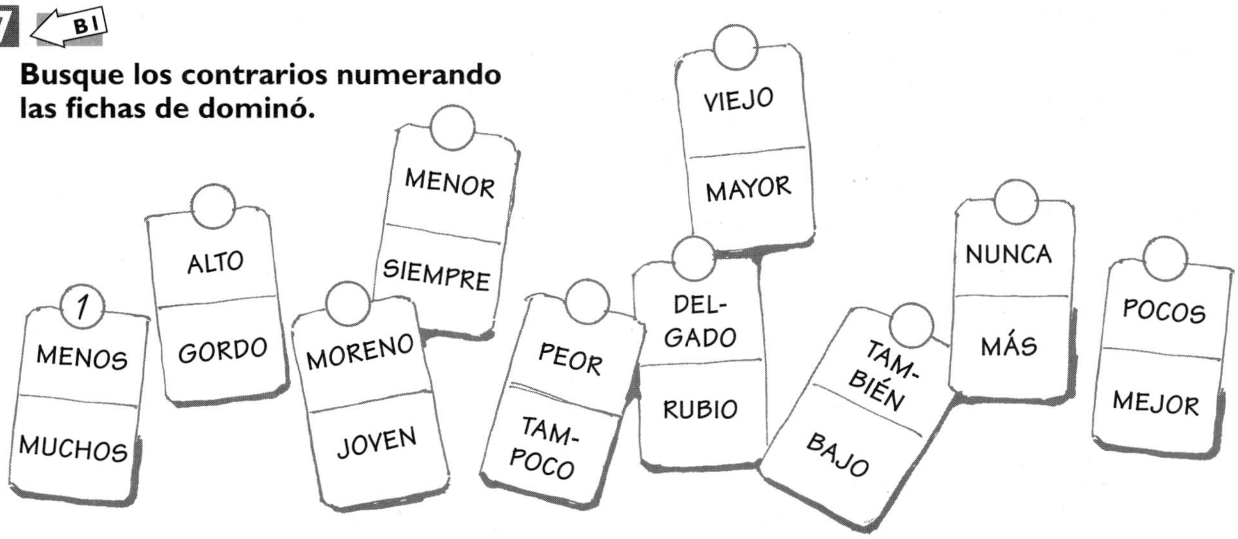

8 B2

Ha desaparecido un cuadro de poco valor del depósito* de un museo y el personal hace suposiciones. Complete las frases.

1. *(robar)* Habrán robado el cuadro creyendo que es uno de mucho valor.
2. No *(informarse)* ________________ bien sobre los cuadros que hay en el depósito.
3. Seguramente no *(tener)* ________________ tiempo para buscar los cuadros de más valor.
4. *(Desconectar)* ________________ el sistema de alarma.
5. ¿*(Ser)* ________________ las mismas personas que robaron en el Museo de Arte Moderno la semana pasada?
6. *(recibir)* ________________ información de algún empleado del museo para entrar en el depósito.
7. ¿*(ser)* ________________ alguien de nosotros quien lo robó?
8. ¿Lo *(transportar)* ________________ a otro museo sin avisarnos?

* *Lager(raum)*

9 B3

¿Qué les pasará a estas personas o qué les habrá pasado?

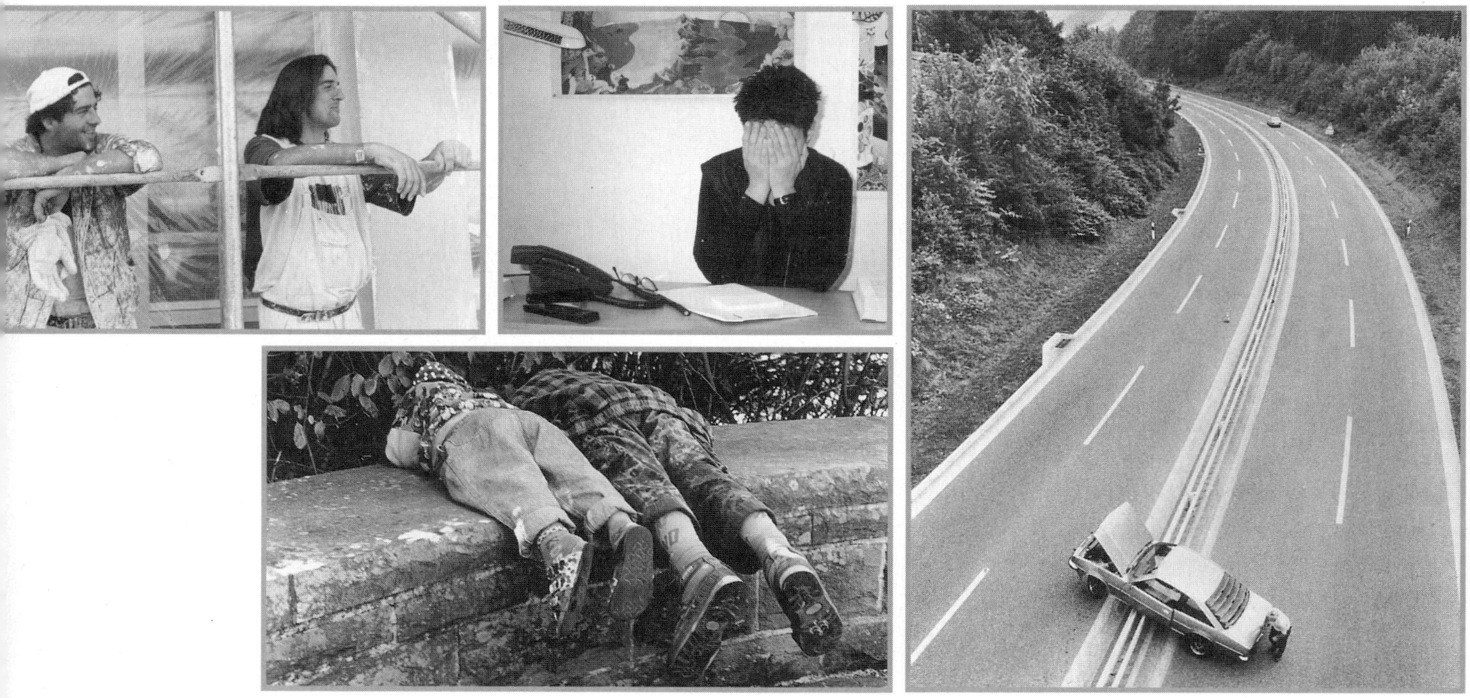

10 B4

a) Es el cumpleaños de Pilar y sus compañeros/-as de trabajo la están esperando.
Escuche estos comentarios. ¿Qué suponen los compañeros/-as que habrá pasado?

____

b) Escuche otra vez. ¿Qué expresiones utilizan para tranquilizar a su compañera?
Márquelas en el cuadro del libro del alumno, pág. 74.

11 B4

¿Puede tranquilizar a las personas que hacen estos comentarios?

1. No encuentro mis libros de español desde la clase pasada. Los he buscado por todas partes, en mi casa, en la oficina. ¡Qué rabia!

   ____

2. No me dieron el puesto de trabajo en la agencia de viajes. Tomaron a otra persona. ¡Otra vez a buscar trabajo! ¡Tenía tantas esperanzas de conseguir ese trabajo!

   ____

3. ¡Mira! ¡Se va! ¡Sin decir ni hasta luego! ¡Lo deja todo desordenado! ¿Qué cree? ¿Que yo se lo voy a ordenar? ¡Siempre lo mismo con él! ¡Qué hijos!

   ____

4. ¡Otra vez me han puesto una multa! ¡No puede ser! ¡Ya es la segunda este mes! ¡Y ahora no sé ni siquiera por qué me la han puesto!

   ____

C. Empezar otra vez

12 C2

Vuelva a leer el texto sobre Esther de Graaf en el libro del alumno (pág. 75).
¿Son correctas o falsas las siguientes informaciones?

1. Esther y sus padres tuvieron que irse de Chile por problemas políticos. (C/F)
2. En la RDA, Esther empezó a trabajar en una empresa exportadora. (C/F)
3. Como ella no sabía alemán, tenía pocas posibilidades de encontrar un trabajo mejor. (C/F)
4. Conoció a su marido de vacaciones en Holanda. (C/F)
5. Hoy es profesora de español en dos escuelas de idiomas en Amsterdam. (C/F)

13 C3

a) Esta persona recuerda su niñez y adolescencia, y a veces exagera un poco.
Lea sus comentarios y complete las frases con el pluscuamperfecto.

1. Cuando terminé el jardín de infantes*, mi mamá ya me *(enseñar)* ______________ a ir en bicicleta.
2. Cuando empecé la escuela, ya *(aprender)* ______________ a leer.
3. Cuando terminé la escuela primaria, ya me *(regalar)* ______________ un ordenador.
4. A los 10 años ya *(hacer)* ______________ muchas excursiones a la montaña.
5. Cuando cumplí 12 años, ya *(participar)* ______________ en distintos torneos deportivos.
6. Cuando tenía 15 años, mi familia ya *(mudarse)* ______________ tres veces.
7. Cuando cumplí 18 años, ya *(sacar)* ______________ el carnet de conducir.
8. Cuando me fui a vivir solo, todavía no *(terminar)* ______________ el bachillerato.

* *Kindergarten*

b) Vuelva a leer las frases y diga si usted también ya había hecho algunas de estas cosas a la misma edad.

14 C4

Escuche otra vez el texto sobre la historia de Chile.
En el texto impreso* hay algunas diferencias. Márquelas.

Chile había sido, después de la independencia de España en 1818, uno de los países de Latinoamérica con mayor tradición democrática, hasta el golpe militar en septiembre de 1973 que acabó con la vida del presidente Salvador Allende. Aunque Allende había sido elegido democráticamente a la cabeza de una coalición de partidos de izquierda, su presidencia duró solamente tres años. Su ministro de defensa, Augusto Pinochet, tomó el poder y estableció una dictadura militar.

Durante los años siguientes no existían ni parlamento ni partidos políticos y muchos disidentes desaparecieron o murieron en la cárcel. Un millón de personas se fueron al exilio.
En 1988 Pinochet dio a los chilenos la posibilidad de votar, en una encuesta, a favor o en contra de la continuación de su gobierno. La mayoría de los chilenos votaron en contra de Pinochet y en 1990 Patricio Ailwyn, del Partido Demócrata Cristiano, fue elegido presidente.

* *abgedruckter Text*

15 C4

Relacione estos fragmentos y complételos con el pluscuamperfecto.

1. Antes de la guerra de independencia de 1818,
2. Hasta septiembre de 1973,
3. Antes del golpe militar de Pinochet,
4. Antes de su dictadura militar,
5. Antes de las elecciones de 1990, en las que ganó Ailwyn,

a) Chile *(tener)* _______________ una fuerte tradición democrática.
b) Chile *(ser)* _______________ una colonia española.
c) Pinochet ya *(participar)* _______________ en el gobierno como ministro de defensa.
d) la mayoría de los chilenos *(votar)* _______________ en contra de Pinochet.
e) Allende *(establecer)* _______________ un gobierno socialista en Chile.

16 C6

a) A esta historia de Quino le falta el último cuadro.
Imagine cómo termina la historia.

"Sí, cariño..."

b) Mire en el anexo cómo es el último cuadro de la historia.

c) ¿Qué imagina que ha escrito María en la carta, en las paredes, en los muros, etc.?

17

Palabras, palabras, palabras...
Complete el mapa asociativo con las palabras y expresiones de esta unidad que quiera retener.

Rincón profesional

18 Rp I

Busque las palabras.
Si apunta la sílaba que falta en cada palabra, podrá leer, de arriba a abajo, dos palabras relacionadas con objetos de la oficina.

Solución

[ ] LLETO
[ ] MO
[ ] PIA
[ ] NO
[ ] CUMENTO
[ ] DIO

Solución

[ ] ENDARIO
[ ] ADERNO
[ ] PIZ
[ ] MICILIO
[ ] PIDO

19 Rp I

a) Busque en tres minutos el mayor número de palabras relacionadas con...

- el ordenador
- cosas que están sobre el escritorio
- medios de comunicación
- muebles de oficina
- cosas que sirven para escribir
- cosas de papel

b) Compare con su compañero/-a. ¿Quién ha encontrado más palabras?

20 Rp I

Escuche la casete y escriba todos los números que se mencionan.

Diálogo n° 1 ____________________

Diálogo n° 2 ____________________

Diálogo n° 3 ____________________

21 Rp I

Hay algunos problemas en la oficina. Haga suposiciones.

MODELO • ¿No habrá electricidad? ¿O habrán cambiado el código para abrir el programa?

1. El ordenador no funciona.
   - No hay electricidad.
   - Cambiaron el código para abrir el programa.
   - Tiene un virus.

2. La carpeta de los clientes no está.
   - La tiene el jefe.
   - La olvidó en su casa.
   - Está en otro armario.

3. No encuentra la agenda de direcciones.
   - La olvidó en la oficina del colega.
   - Se la robaron.
   - La tiene la secretaria.

4. La calculadora no funciona.
   - Se ha gastado la pila.
   - Se ha caído y se ha roto.
   - Tiene un defecto mecánico.

El mundo del trabajo

A. Trabajo y aptitudes

1 p.79

a) Una revista española ha hecho una encuesta sobre las profesiones que despiertan más simpatías entre la gente.
Antes de ver los resultados obtenidos en España, diga qué profesiones prefiere y déle una valoración a cada una de ellas entre 10 (+) y 1 (–).

- ☐ Abogado/-a
- ☐ Artista
- ☐ Banquero
- ☐ Camarero/-a
- ☐ Dentista
- ☐ Empresario/-a
- ☐ Enfermero/-a
- ☐ Médico/-a
- ☐ Periodista
- ☐ Policía
- ☐ Político
- ☐ Taxista

b) Mire los resultados de la encuesta en el anexo.
Compárelos con los suyos y haga algunos comentarios.

MODELO • Lo que me sorprende es que los taxistas sean más apreciados que los abogados.

2 A1

a) Juzgar por las apariencias.
¿Puede describir a una de estas personas físicamente?
Imagínese cómo puede ser el entorno en el que vive (lugar, familia, hobbys, etc.).

b) ¿Qué profesión cree usted que tienen estas personas?
Escuche la casete del libro del alumno (pág. 80, ejercicio 2) y compruebe.

3 A5

a) Complete las frases con las formas del indicativo o del subjuntivo.

1. "Aunque todos *(hablar)* hablan mucho de las nuevas formas de trabajo, con más tiempo libre y todo eso, es poco lo que se hace en la práctica. Llevo ya un año sin trabajo."
2. "Mientras no *(tener)* ____________ un trabajo interesante, seguiré mirando los anuncios de ofertas de empleo en los periódicos."
3. "Cuando *(trabajar)* ____________ muchas horas disminuye[1] mucho mi concentración."
4. "Mientras la situación del mercado *(seguir)* ____________ como hasta ahora, no habrá posibilidades de disminuir el paro[2] y para mí va a ser difícil encontrar trabajo."
5. "Aunque mi sueño *(ser)* ____________ crear y dirigir mi propia empresa, sigo aceptando trabajos monótonos y aburridos, porque por el momento no veo otra posibilidad."
6. "Cuando *(jubilarse)* ____________, haré todas las cosas que siempre he querido hacer."
7. "Mientras *(realizar)* ____________ trabajos en la agencia de traducciones, no tendré tiempo para hacer seminarios de perfeccionamiento."
8. "Mientras tú *(pasar)* ____________ la lista de clientes al ordenador, yo puedo preparar el informe."
9. "Aunque mi preparación profesional *(ser)* ____________ muy buena, para mí es difícil encontrar un puesto de trabajo."
10. "Cuando *(terminar)* ____________ este proyecto, te prometo que haremos un viaje juntos."

1) disminuir = *nachlassen; senken* 2) *Arbeitslosigkeit*

b) Según su opinión, ¿quiénes de las personas que hablan tienen trabajo?

4 A5

Lea estos comentarios que hicieron estudiantes de español y complete con "aunque, mientras, cuando".

1. Aunque estudie muchas horas listas de vocabulario, no las retengo fácilmente en la memoria.
2. ____________ memorizo vocabulario en un contexto claro y conocido, lo recuerdo mejor.
3. ____________ tengo mucho tiempo libre, me cuesta mucho ponerme a estudiar gramática.
4. ____________ termine de hacer estos ejercicios, podré usar mejor estas conjunciones.
5. ____________ no me tome el tiempo para aprender el vocabulario, tendré problemas en la clase.
6. ____________ hago los ejercicios, escucho música instrumental y no me molesta.

5 A5

Transforme estas frases utilizando "aunque, mientras, cuando", sin cambiarles el sentido.

1. No tengo posibilidades de conseguir ese puesto de trabajo, pero quiero solicitarlo de todas formas.
   Aunque no tengo posibilidades...
2. Si no tengo un puesto de trabajo fijo, no puedo comprarme un piso.
3. No es la tarea que más me gusta, pero tengo que hacerla porque no hay otra persona que la haga.
4. Si las universidades no se modernizan, no pueden preparar a los futuros profesionales.
5. El gobierno tiene que reconocer las cifras reales del paro. Si no, no se puede hacer frente a la crisis.
6. Si la empresa acepta el cambio de horario de trabajo, los empleados dejarán de protestar.
7. La empresa no está segura de las ventajas que tiene el convenio para los trabajadores, pero lo aceptó.

6 A6

Conteste las preguntas.

¿Qué hace usted...

1. ... cuando alguien se enfada y no quiere hablar más con usted?
2. ... cuando no puede dormir por la noche?
3. ... cuando llueve?
4. ... cuando tiene un problema sin solución?
5. ... cuando no tiene mucho trabajo?

¿Qué va a hacer usted...

1. ... cuando festeje su próximo cumpleaños?
2. ... cuando tenga mucho tiempo libre?
3. ... cuando esté de vacaciones?
4. ... cuando encuentre el trabajo que más le guste?
5. ... cuando termine este ejercicio?

7 A7

Relacione.

Una persona que tiene muchas ideas
Una persona que tiene buenos argumentos
Una persona que trabaja bien en grupo
Una persona que es ordenada y que lo observa todo con atención
Una persona que es aceptada por todos
Una persona que habla con todo el mundo
Una persona que lo hace todo con optimismo y alegría
Una persona que se adapta fácilmente a diferentes situaciones

es cooperativa.
es flexible.
es creativa.
es simpática.
es capaz de convencer.
es entusiasta.
es detallista.
es comunicativa.

8 A8

a) Algunas personas prefieren trabajar de forma individual. Otras se sienten mejor cuando pueden trabajar en grupo.

¿Y usted? ¿Qué forma de trabajo prefiere? Lea este test y marque las respuestas adecuadas.

¿Se siente cómodo/-a trabajando en equipo*?

* *Team*

1 *Usted y su equipo han solucionado un problema de trabajo de manera brillante. La idea salió de un/a compañero/-a. Cuando viene el jefe, le alaba solamente a usted. ¿Cómo reacciona?*

- ☐ **A** Después de que se va el jefe, les explico a mis compañeros/-as que esas alabanzas eran en realidad para otra persona.
- ☐ **B** No digo nada. Otras veces sucedió que yo realicé trabajos especiales y alabaron a otra persona.
- ☐ **C** Le explico al jefe que en realidad todos han trabajado mucho y en especial la persona que ha tenido la idea brillante.

2 *Todo el grupo ha pensado quedarse a trabajar horas extras esta noche para terminar un proyecto importante. Usted en realidad ya tiene una cita con un amigo. ¿Qué hace?*

- ☐ **A** Anulo la cita y me quedo a trabajar.
- ☐ **B** Digo que tengo una cita y me voy.
- ☐ **C** Me quedo aunque no estoy de acuerdo y explico que lo hago sólo por esta vez.

3 *Todos quieren solucionar un problema que tienen desde hace mucho tiempo. Cada uno tiene una opinión diferente y ya han pasado cuatro horas reunidos sin encontrar una solución. ¿Qué hace?*

- ☐ **A** Pregunto al grupo si no es mejor dejarlo, porque no se avanza.
- ☐ **B** Tengo paciencia porque las soluciones necesitan su tiempo.
- ☐ **C** Me pongo nervioso/-a, miro continuamente el reloj y presiono a todo el grupo.

4 *Se descubrió un error en el trabajo. Todos piensan automáticamente: "Como siempre X". En realidad, el error lo ha hecho usted y nadie lo sabe. ¿Qué hace?*

- ☐ **A** Espero la reacción del grupo porque X es conocido/-a por cometer errores frecuentemente y ese error no cambia mucho la situación de X.
- ☐ **B** Le pido al grupo que no culpe siempre a la misma persona y me preocupo por solucionar el error.
- ☐ **C** Digo que fue mi error.

5 *Usted comparte la oficina con dos compañeros/-as más. Cuando llega por la mañana a la oficina, se da cuenta que algo pasa, pero no sabe qué. ¿Qué hace?*

- ☐ **A** Voy a la oficina vecina para informarme.
- ☐ **B** Espero y trato de descubrirlo durante el día.
- ☐ **C** Les pregunto directamente a ellos/ellas.

6 *Un/a compañero/-a nuevo/-a ha propuesto mejoras muy interesantes relacionadas directamente con su trabajo. Usted piensa:*

- ☐ **A** ¡Todavía no sabe cómo funcionan las cosas aquí y ya quiere hacer cambios!
- ☐ **B** No está mal. Acaba de llegar y ya tiene buenas ideas.
- ☐ **C** ¿Por qué se mete en mis cosas?

b) Mire los resultados de este test en el anexo.

c) ¿Está de acuerdo con los resultados del test?

MODELO • En parte sí, pero...

9 A8

a) Algunas personas hablan sobre los siguientes temas.
Escuche y coloque los temas en la tabla.

	tema
1.	
2.	
3.	
4.	

b) Escuche otra vez y marque en la tabla si las personas están de acuerdo o no.

De acuerdo	acuerdo parcial	en desacuerdo
	✗	

oferta de empleo — viaje de fin de semana — aumento de sueldo — trabajo nocturno*

* *Nachtarbeit*

B. ¿Un mundo dividido?

10 B1

a) Lea esta pequeña información.

El Ministerio de Asuntos Sociales, junto con el Instituto de la Mujer, publicó hace algunos años el cuadernillo "Uso no sexista del lenguaje administrativo". En él se aclara que –según las investigaciones realizadas– la mayoría de los títulos de los puestos en la Administración aparecen en forma masculina: el jefe de sección, el juez... En este cuadernillo aconsejan que cuando los puestos de trabajo estén ocupados por mujeres, se mencione también la forma femenina: presidenta, jefa, jueza, médica..., teniendo así en cuenta que los procesos de cambios en la sociedad se reflejan también en el idioma.

b) ¿Qué opina usted sobre este tema? ¿Cómo es en su idioma/país?

11 B1

a) En parejas.
Vuelvan a la lista de profesiones simpáticas (pág. 71) y digan si, en su opinión, son por lo general hombres o mujeres las personas que las ejercen.

b) ¿Puede imaginar el significado de todas las profesiones de esta caricatura?
Si necesita ayuda, pregunte a su profesor/a o consulte su diccionario.

12 B2

Acaba de escuchar una entrevista que se hizo con algunas mujeres y que trata el tema del trabajo (libro del alumno, pág. 83).
Aquí tiene un resumen de los comentarios hechos por Nieves y Yolanda. Complete con las palabras correspondientes.

ninguna | todo | nunca | a veces | siempre

Nieves no tiene __________ dificultad como mujer en su trabajo. No ha sido discriminada __________. A ella __________ la han tratado con respeto. Cree que __________ depende de las calificaciones que tenga la persona. También dice que las mujeres __________ saben hacer las cosas mejor que los hombres.

doble jornada | media jornada | fácil | en serio

Yolanda, además de trabajar, tiene un niño y espera el segundo. Para ella, la __________ es muy dura. Quiere hacer todo bien y no es __________. A veces tiene la sensación que sus colegas piensan que como es madre no toma el trabajo __________. No puede dejar de trabajar porque necesita el dinero para vivir. Pronto trabajará sólo __________. Cuenta con el apoyo de su madre.

13 B2

a) Las mujeres en cifras.
Según su opinión, ¿a qué se refieren estas cifras? Relacione.

65 % | 50 % | 10 % | 1 %

☐ Mujeres en la población mundial

☐ Trabajo realizado por las mujeres

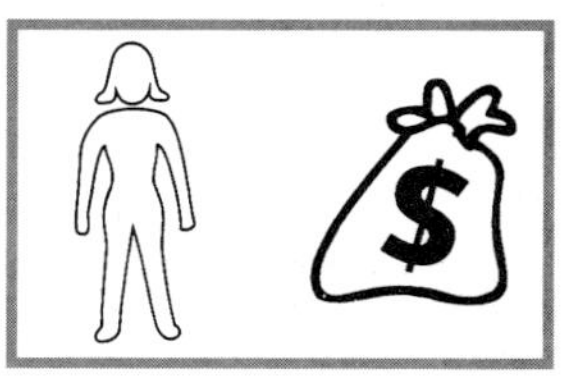

☐ Ingresos[1] que reciben las mujeres

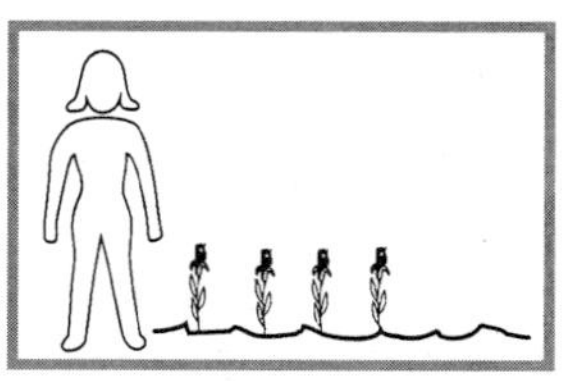

☐ Propiedad[2] que les pertenece a las mujeres

1) *Einkommen* 2) *Grundbesitz*

b) En el anexo encuentra las cifras que ha publicado la ONU (Organización de las Naciones Unidas).
¿Puede hacer un comentario sobre las cifras? ¿Piensa que esta estadística refleja también la situación en su país?

14 B4

Las mujeres dicen que hay muchas cosas que no funcionan como deberían. Complete las frases con el imperfecto de subjuntivo.

1. Hacemos el mismo trabajo que los hombres, pero nos pagan menos, como si lo *(hacer)* hiciéramos mal.
2. La sociedad no reconoce el peso de la doble jornada. En general toma esta situación como si *(ser)* __________ lo más natural del mundo.
3. La sociedad nos considera las únicas responsables de la educación de los niños como si esto no *(afectar)* __________ también a los hombres.
4. A veces la gente se comporta como si el trabajo en casa no *(tener)* __________ ninguna importancia y como si no *(ser)* __________ trabajo.
5. En muchos países hay leyes contra la discriminación de la mujer, pero en la práctica, muchas empresas actúan como si esas leyes no *(existir)* __________ .
6. En las discusiones, muchos hombres interrumpen a las mujeres como si no *(tener)* __________ importancia lo que ellas dicen.

15 B4

¿Qué desean las mujeres? Complete las frases.

1. Me gustaría que en el trabajo no *(tener)* __________ que luchar tanto para recibir el reconocimiento de lo que hago.
2. Me gustaría que la discriminación contra la mujer *(ser)* __________ un tema del pasado, de otra época, que no *(existir)* __________ más.
3. Me gustaría que, en el trabajo, se *(considerar)* __________ más mi preparación profesional.
4. Me gustaría que la educación de los niños y niñas *(ser)* __________ igualitaria en todo el mundo.

16 B5

Escuche a estas personas y complete la tabla.

	¿De qué situación se trata?	¿Cómo se sintió la persona?
1.		
2.		
3.		

17 B5

LERNTIPP

Wie Sie bereits wissen, gibt das Imperfecto eine wiederholte Handlung oder Gewohnheit in der Vergangenheit an. Das Indefinido hingegen wird verwendet, um über neu einsetzende Handlungen oder Ereignisse aus der Vergangenheit zu berichten.
Einige Verben haben verschiedene Bedeutungen, je nachdem, in welcher Zeit sie stehen.
Im Imperfecto drücken sie einen Zustand aus, im Indefinido meist einen Beginn. Vergleichen Sie:

	Imperfecto		Indefinido	
tener	tenía	*(ich hatte)*	tuve	*(ich bekam)*
conocer	conocía	*(ich kannte)*	conocí	*(ich lernte kennen)*
saber	sabía	*(ich wusste)*	supe	*(ich erfuhr)*
hay	había	*(es gab)*	hubo	*(es entstand; es fand statt)*

Übersetzen Sie folgende Sätze:
Elena tenía 25 años cuando tuvo su primer hijo.
A Pablo lo conocí el martes pasado, pero todo el mundo creía que yo ya lo conocía.
No sabía que estudiabas español. La semana pasada lo supe por tu hermano, por casualidad.

18 B6

"Crónica del Desamor"

La entrevista de trabajo que ha leído en el libro del alumno (pág. 85/86) es un pasaje de la obra "Crónica del Desamor", que es la primera novela de Rosa Montero, escritora y periodista muy conocida en España. Aquí tiene un resumen del libro, pero lamentablemente, por error, muchas palabras no están separadas. ¿Puede separarlas?

El personaje central delaobraes Ana Antón, unamujerde treintaaños quenos muestra ydescribe sumundo, susilusiones, desilusiones, miedos, vivencias* y sobretodoes unacrónica delasexperiencias ydelos problemas cotidianosenla sociedadespañola despuésdel franquismo en Madrid. A través desunovela nos hace compartirsuvida, la desuhijo y susamigasconhumor eironía, perotambiéncon crudezaymucha autenticidad.

* *Erlebnisse*

C. El trabajo del futuro

19 C2

a) Escuche estas entrevistas, realizadas en dos empresas, y marque los problemas que se mencionan en cada diálogo.

1	2	
☐	☐	aumento de sueldo
☐	☐	puestos fijos
☐	☐	pago de horas extras
☐	☐	reducción de horas de trabajo
☐	☐	subsidio de desempleo
☐	☐	cambio de turnos de trabajo

b) ¿Han conseguido lo que querían?

20 C2

A un amigo español que está de visita en su ciudad, le interesa tener algunas informaciones sobre su región. ¿Cómo contesta usted estas preguntas?

1. ¿Cuáles son las principales industrias o fuentes de trabajo en esta región? ¿Y cómo era antes?
2. ¿Hay mucho paro en la región?
3. ¿Qué papel juegan los sindicatos en este país? ¿Hay muchas huelgas?
4. ¿Hay por aquí empresas que trabajan por turnos o en cadena?

21 C4

a) ¿Puede transmitirle a otra persona lo que dijo el ministro de trabajo hace unos días en la televisión?

MODELO • Dijo que no todo el mundo conseguiría un empleo fijo para toda la vida.

1. No todo el mundo conseguirá un empleo fijo para toda la vida.
2. Desaparecerán los horarios y los salarios fijos.
3. Será normal que dos personas compartan un puesto de trabajo.
4. Las personas deberán ser más flexibles y estar dispuestas a tener más movilidad geográfica.
5. Cada uno tendrá que contribuir más, de manera privada, a las prestaciones sociales como los seguros de enfermedad, los subsidios de desempleo y las pensiones por jubilación.
6. Seguramente surgirán nuevos huecos en el mercado de trabajo, y como la gente tendrá cada vez más tiempo libre, habrá personas que se dediquen a organizar actividades.
7. Habrá más personas que trabajarán desde sus casas.
8. Habrá más servicios a domicilio y los clientes podrán comprar lo que quieran por ordenador o fax.

b) Busque un comentario que le parezca preocupante y explique por qué.

22 C4

a) Usted ha encontrado una revista de hace cinco años que trata diversos temas que afectan a la sociedad del futuro.
Éstos son los comentarios que habían hecho algunas personas sobre el tema de la formación profesional. Repita lo que dijeron.

MODELO • Dijeron que el uso del ordenador en las clases eliminaría la función del profesor.

Las profesiones del siglo XXI
Desde hace años se buscan nuevas perspectivas para las profesiones del futuro. Las causas de estos cambios son muchas y entre ellas una muy importante es el desempleo.

1. "El uso del ordenador en las clases eliminará la función del profesor."
2. "Cada alumno/-a podrá tener su propio ritmo de aprendizaje y el profesor se convertirá en tutor y supervisará el trabajo."
3. "Las clases no serán solamente para preparar los exámenes, sino que tendrán relación directa con la práctica profesional. Habrá menos horas de teoría y más prácticas."
4. "El modelo clásico –primero estudiar y luego trabajar– se sustituirá por el modelo de formación permanente."
5. "Los institutos y las universidades tendrán que participar de una forma más activa en la sociedad."
6. "Estos centros deberán abrirse a las exigencias de las empresas, de la industria y de la preservación de la naturaleza."
7. "Tanto los profesores como los mismos centros de formación tendrán que jugar un papel importante en la sociedad del futuro."

Adaptado de "Cambio 16"

b) Según su opinión, ¿ha cambiado la formación profesional en los últimos años?

23 C4

Aquí tiene una serie de cualidades.
Explique una de ellas a su compañero/-a, que adivinará de qué cualidad se trata.

MODELO • Es una persona que trabaja muy bien en equipo, p. ej. ...

ser conservador
ser flexible
ser optimista
tener espíritu de grupo
ser ambicioso
ser capaz de adaptarse
ser individualista
ser capaz de tomar decisiones

24 C5

a) Lea el siguiente artículo y ponga estas palabras en el lugar correspondiente.

puente | cartas | coches | hospitales | oficinas públicas

La fantasía no tiene límites

El día para Juan Carrillos (49 años) comienza a las siete de la mañana, cuando sale con su bandera[1] roja a trabajar. Su lugar de trabajo está en la carretera, cerca de un pueblo no muy lejos de la capital mexicana: en un __________ estrecho de un carril[2]. Cuando aparece un coche que quiere cruzarlo, él controla que no venga ninguno en la dirección contraria. Su pago diario: a veces solamente una sonrisa[3] y en el mejor de los casos un par de pesos. "Aquí en el pueblo no encuentro trabajo, por eso decidí que mi puesto de trabajo era el puente", dice Juan Carrillos.

La necesidad obliga a miles de latinoamericanos/-as a inventar. Dado que un 40% de la población de América Latina vive en una pobreza total, los habitantes se ven obligados a crear nuevos puestos de trabajo para poder ganarse la vida.

Así es como en días de intensas lluvias, muchos jóvenes en Bogotá esperan con sus paraguas[4] delante de los __________ . Ellos acompañan a los enfermos y a sus familiares y así ganan un poco de dinero por el servicio que prestan.

No es muy distinta la situación en México D.F., donde algunas mujeres ofrecen sus servicios delante de las oficinas de Correos para rellenar formularios, redactar y escribir __________ . Hay gente que se ofrece en Buenos Aires para hacer cola en las distintas __________ para recoger certificados, visas u otros documentos. Algunos jóvenes en la Ciudad de Guatemala reservan para los clientes motorizados lugares delante de los restaurantes o cines y se encargan de cuidar los __________ y a veces hasta los lavan.

En este continente, la fantasía y la iniciativa propia son siempre un motor que ayuda a sobrevivir.

1) *Fahne* 2) *Fahrspur* 3) *Lächeln* 4) *Regenschirm(e)*

b) ¿Qué ejemplo le llamó más la atención?

25

Palabras, palabras, palabras...
Complete el mapa asociativo con las palabras y expresiones de esta unidad que quiera retener.

Rincón profesional

26 Rp2

Aquí tiene una lista de diferentes formas de sociedades.
¿Puede relacionarlas con su equivalente en alemán?

S.C. *(Sociedad Colectiva)*	AG *(Aktiengesellschaft)*
Asociación	GmbH *(Gesellschaft mit beschränkter Haftung)*
S.A. *(Sociedad Anónima)*	OHG *(Offene Handelsgesellschaft)*
Fundación	KG *(Kommanditgesellschaft)*
S. en C. *(Sociedad en Comandita)*	Genossenschaft
(Sociedad) Cooperativa	Verein
S.L. / S.R.L. *(Sociedad (de Responsabilidad) Limitada)*	Stiftung

27 Rp2

a) Lea este pequeño texto.

Hay que adaptarse a la cultura del otro país

Exportar la manera de dirigir una empresa sin tener en cuenta el entorno cultural de cada país es un error frecuente que cometen muchas empresas multinacionales en todo el mundo. El concepto

del tiempo, la forma de comunicarse o de organizar el trabajo son muy distintos de país a país. Ningún director de empresa hará bien su trabajo si no adapta sus métodos a la cultura del otro país.

b) Escuche lo que le pasó al director de una empresa alemana en España y coméntelo con su compañero/-a.

Revuelto

I

a) ¿Cuál de estos tres lugares sería el más apropiado para usted a la hora de leer? ¿Puede describirlo?

b) ¿En qué momentos del día / de la semana, o en qué época del año lee usted más?

c) ¿Cómo se imagina usted el futuro de los libros y periódicos?
¿Seguiremos leyendo o van a ser más importantes otros medios de comunicación, p. ej. la televisión, los ordenadores, etc.?

* *Vorfahren*

2

a) Complete el artículo con estos verbos en la forma correspondiente.

afirmar · calcular · encontrarse · hay · ser · tener · vivir

Vivir en el infierno

1.200 millones de personas se concentran en las ciudades más contaminadas del mundo.
En diez años, casi un 50% de los seres humanos ___________ en ciudades. El crecimiento urbano es hoy en día incomparable. Si esta tendencia continúa, según datos de la ONU, se ___________ que en el año 2015 un 65% de la población mundial vivirá en megaciudades.
En 1950 ___________ dos ciudades –Londres y Nueva York– que tenían más de 8 millones de habitantes, y sólo un 30% de la población ___________ urbana. Hoy ya son 20 las grandes ciudades y la mayoría de ellas ___________ en el llamado Tercer Mundo. Estas metrópolis no pueden absorber tal cantidad de personas porque no ___________ la infraestructura necesaria para ello. Esta situación produce mayor desempleo, pobreza y hambre. Otro problema serio de las megaciudades es la contaminación. La Organización Mundial de la Salud (OMS) ___________ que el 20% de la población respira aire contaminado. Las ciudades de mayor contaminación en el mundo son México, Bangkok y Atenas, en donde el aire es casi irrespirable gran parte del año.

Los habitantes de México D.F. protestan por la contaminación del aire

b) Hablando de grandes ciudades, ¿puede dar alguna otra información sobre el tema?

3

Dejemos volar nuestra imaginación.
Conteste las preguntas y luego compare con su compañero/-a.

- Si usted fuera director/a de cine, ¿qué tipo de película dirigiría?
- Si usted fuera taxista, ¿en qué ciudad conduciría el taxi?
- Si usted fuera escritor/a, ¿qué escribiría?
- Si usted fuera camarero/-a, ¿en qué tipo de local trabajaría?
- Si usted fuera cantante, ¿qué tipo de música interpretaría?

4

a) Una visita a Barcelona.
Lea estas informaciones de una guía turística de Barcelona. ¿Cuáles de estos lugares le gustaría visitar?

UNA VISITA A Barcelona

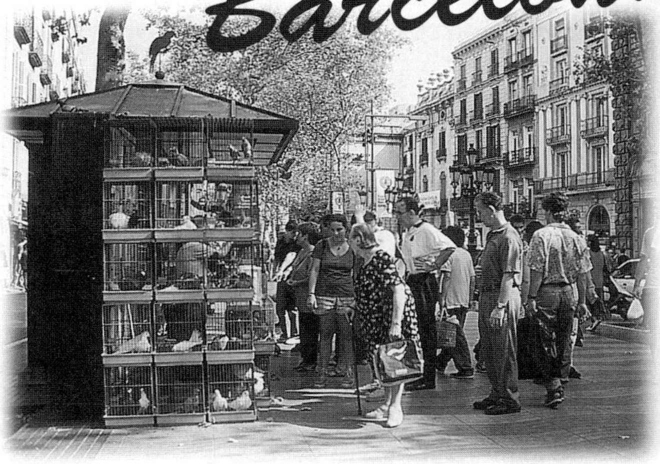

Uno de los lugares más conocidos y visitados en Barcelona son las **Ramblas**, amplia calle llena de plátanos, que va desde la **Plaza de Cataluña** hasta la **estatua de Colón**. A lo largo de este paseo hay puestos de floristerías, de venta de animales y quioscos. Es un lugar de encuentro tanto para barceloneses como para turistas que pueden disfrutar de la presencia de pintores, mimos y músicos. De las Ramblas se puede llegar al **Barrio Gótico**, que es la parte más antigua de la ciudad, y visitar la **Catedral**.

La iglesia de la **Sagrada Familia** es una de las obras más famosas del arquitecto Antonio Gaudí. Él trabajó 43 años en ella y todavía no está terminada. Otras obras importantes de este arquitecto son la **Casa Milá** y la **Casa Batlló** en el barrio de **L'Eixample**, o el **Parque Güell**, donde la naturaleza y la arquitectura se combinan en una fascinante armonía.

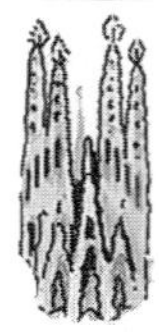

El **Montjuïc** (monte judío) es un parque natural. En él se encuentra el **Castillo de Montjuïc**, desde donde se puede admirar la ciudad. Este castillo se usó durante siglos como cárcel y hoy es un museo militar.

Otro lugar interesante para recorrer es el **Pueblo Español**. En este pueblo se pueden encontrar reproducciones de las casas y construcciones típicas de las diferentes regiones españolas; por ejemplo las murallas que lo rodean son una copia de las murallas de Ávila.
La **Fundación Joan Miró** es el museo en el que se encuentra la exposición permanente de las obras del pintor y escultor.
En el Montjuïc se puede también visitar el **Estadio Olímpico**, construido para los Juegos Olímpicos de 1992.

b) Escuche lo que recomienda a visitar una barcelonesa y marque en el texto de la guía turística los lugares que menciona.
¿Da alguna información que no aparezca en el texto?

5

a) Mire esta caricatura de Quino.
¿Puede imaginarse lo que piensan algunas personas de la cola?

"Ni arte ni parte"

b) Describa el barrio que está dibujando el pintor.

6

a) Una señora que ha tenido un accidente llama al servicio de ayuda.
Escuche y diga si menciona todos estos datos.

- ☐ tipo de accidente (incendio, choque, otros)
- ☐ lugar del accidente
- ☐ heridos (tipo de herida)
- ☐ datos personales de la persona que llama
- ☐ lugar desde donde llama

b) Carmen Rojas ha rellenado la declaración de accidente.
Y como ella, lamentablemente, ha chocado contra **su** coche, usted tendrá que completarlo con sus propios datos (vehículo **B**).

declaración amistosa de accidente de automóvil

No implica reconocimiento de responsabilidad, pero una correcta consignación de todos los datos facilita la tramitación.

La firma de AMBOS conductores es obligatoria

1. Fecha accidente: 13.9. — hora: 16³⁰

2. Lugar (Estado, provincia, población, calle o carretera, etc.): ESPAÑA, GRANADA, SALOBREÑA, AV. DE LOS AZAHARES

3. Víctima(s) incluso leve(s): NO [X] SI [ ] *

4. Daños materiales distintos a los de los vehículos A y B: NO [X] SI [ ] *

5. Testigos. Nombre, dirección y teléfono (precisar cuando se trata de ocupantes si son del A o del B).
JOSÉ BUSTAMANTE, AV. DE LOS AZAHARES, 28

vehículo A

6. Asegurado *(véase póliza de Seguro)*
Nombre (mayúsculas): CARMEN
Apellidos: ROJAS
Dirección *(calle y n.º)*: C/SIMÓN GARCÍA, 12
Localidad *(y c. postal)*: 30003 - MURCIA
N.º telf. *(de 9 h. a 17 h.)*: 968/219840
¿El Asegurado puede recuperar el IVA referente al vehículo? NO [X] SI [ ]

7. Vehículo
Marca, modelo: HONDA (CIVIC)
N.º de matrícula (o bastidor): MU-4830-BF

8. Aseguradora: ATLANTIDA
N.º de póliza: 47136987-1
Agencia: MURCIA
N.º de carta verde ______
(Para los extranjeros)
Certificado o Carta verde } válido hasta ______
¿Los daños propios del vehículo están asegurados? NO [X] SI [ ]

9. Conductor *(ver permiso de conducir)*
Nombre (mayúsculas): CARMEN
Apellidos: ROJAS
Dirección: C/SIMÓN GARCÍA, 12 MURCIA
Permiso de conducir n.º: A-247658
Categoría (A,B, ...): B — Expedido en: MURCIA — el: 30/3/97
Permiso válido hasta: 29/3/2007

12. Circunstancias

Poner un aspa (x) en cada casilla que proceda para precisar el croquis

A		Circunstancia		B
[ ]	1	Estaba estacionado	1	[ ]
[ ]	2	Salía de un estacionamiento	2	[ ]
[ ]	3	Iba a estacionar	3	[ ]
[ ]	4	Salía de un aparcamiento, de un lugar privado, de un camino de tierra	4	[ ]
[ ]	5	Entraba a un aparcamiento, a un lugar privado, a un camino de tierra	5	[ ]
[ ]	6	Entraba en una plaza de sentido giratorio	6	[ ]
[ ]	7	Circulaba por una plaza de sentido giratorio	7	[ ]
[ ]	8	Colisionó en la parte de atrás al otro vehículo que circulaba en el mismo sentido y en el mismo carril	8	[ ]
[ ]	9	Circulaba en el mismo sentido y en carril diferente	9	[ ]
[ ]	10	Cambiaba de carril	10	[ ]
[ ]	11	Adelantaba	11	[ ]
[ ]	12	Giraba a la derecha	12	[ ]
[ ]	13	Giraba a la izquierda	13	[ ]
[ ]	14	Daba marcha atrás	14	[ ]
[ ]	15	Invadía la parte reservada a la circulación en sentido inverso	15	[ ]
[ ]	16	Venía de la derecha (en un cruce)	16	[ ]
[X]	17	No respetó la señal de preferencia	17	[ ]
1		← Indicar n.º casillas marcadas →		[ ]

vehículo B

6. Asegurado *(véase póliza de Seguro)*
Nombre (mayúsculas) ______
Apellidos ______
Dirección *(calle y n.º)* ______
Localidad *(y c. postal)* ______
N.º telf. *(de 9 h. a 17 h.)* ______
¿El Asegurado puede recuperar el IVA referente al vehículo? NO [ ] SI [ ]

7. Vehículo
Marca, modelo ______
N.º de matrícula (o bastidor) ______

8. Aseguradora ______
N.º de póliza ______
Agencia ______
N.º de carta verde ______
(Para los extranjeros)
Certificado o Carta verde } válido hasta ______
¿Los daños propios del vehículo están asegurados? NO [ ] SI [ ]

9. Conductor *(ver permiso de conducir)*
Nombre (mayúsculas) ______
Apellidos ______
Dirección ______
Permiso de conducir n.º ______
Categoría (A,B, ...) ______ Expedido en ______ el ______
Permiso válido hasta ______

10. Indicar por una flecha (→) el punto de choque inicial (vehículo A)

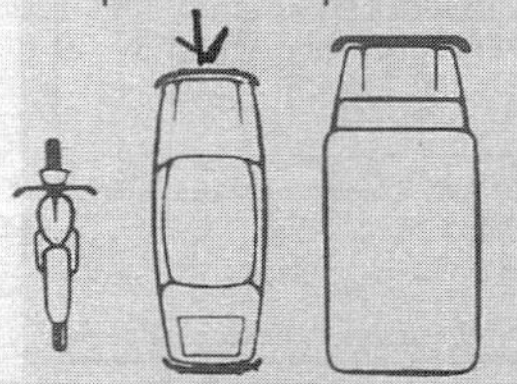

11. Daños apreciados (vehículo A)

13. Croquis del accidente
Precisar: 1. situación. - 2. dirección (por flechas) de los vehículos A y B. - 3. su posición en el momento de la colisión. - 4. señales de tráfico. - 5. nombre de las calles (o carreteras).

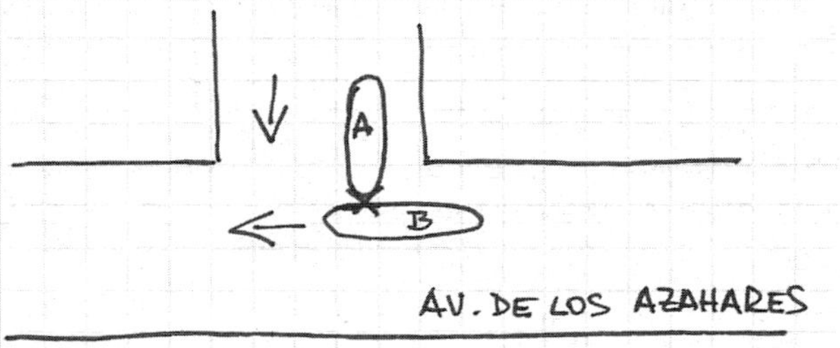

10. Indicar por una flecha (→) el punto de choque inicial (vehículo B)

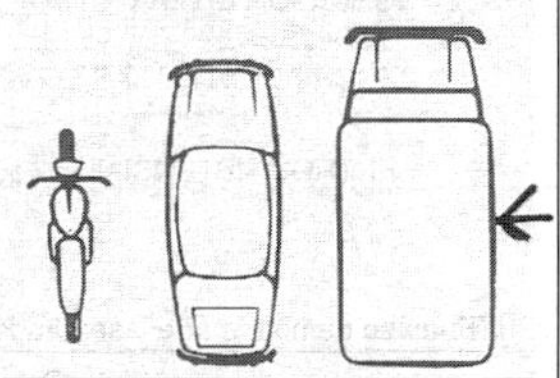

11. Daños apreciados (vehículo B)

14. Observaciones (vehículo A) ______

15. Firma de los dos conductores
A: CarmenRojas — B:

14. Observaciones (vehículo B) ______

* En caso de heridos o daños materiales distintos que los de los vehículos A y B, recoger al dorso los datos de identificación, dirección, etc.

No modificar estas diligencias después de firmadas y separados los ejemplares de los dos conductores.

Ver declaración del Asegurado al dorso →

7

a) Complete las frases con el tiempo compuesto correspondiente.

1. "Mientras llega el resto podemos tomar algo. Espero que todos *(recibir)* hayan recibido la invitación."
2. "Yo me alegro mucho de este encuentro. Ya *(pasar)* ____________ muchos años sin vernos... ¡Es increíble!"
3. "Para mí ha sido difícil venir, porque después de *(tener)* ____________ días de mucho trabajo en la oficina me cuesta mucho participar en otras actividades. Pero vale la pena, después de tantos años."
4. "A mí me *(gustar)* ____________ más planearlo para el verano, pero ya sabéis lo difícil que es poder reunir a la gente en época de vacaciones."
5. "A Gustavo y Adriana los *(ver)* ____________ este domingo en el Rastro. Me *(decir)* ____________ que no *(poder)* ____________ modificar sus citas y que no vendrían. Qué lástima, ¿no?"
6. "¿Qué pasa con el camarero que todavía no *(traer)* ____________ las bebidas? ¿*(pensar)* ____________ que tiene que esperar a que lleguen todos? Voy a ver."

b) ¿En qué situación le parece que se pueden haber hecho estos comentarios?

8

LERNTIPP

Im Lehrbuch haben Sie viele Beispiele für den Gebrauch der Präpositionen **por** und **para** gesehen.

Para wird verwendet zur Angabe eines Ziels, einer Bestimmung oder eines Zwecks. Es kann je nach Kontext unterschiedlich übersetzt werden: für, nach, um zu.

Por wird in ganz verschiedenen Bedeutungen gebraucht:
zur Angabe eines Grundes (wegen, für), zur Angabe eines Durchgangsortes (durch, über), zur Angabe eines Kommunikationsmittels (durch, mit), in vagen Orts- und Zeitangaben (in), zur Angabe eines Preises oder Austauschs (für) und zur Angabe des Handelnden im Passivsatz (von).
Sehen Sie sich noch einmal die Beispiele im Lehrbuch auf S. 98 an und vergleichen Sie.

a) ¿Por – para? Complete las frases.

1. Yo trabajo veinte horas _____ semana. En general paso _____ la oficina, me llevo mi trabajo y lo hago en casa.
2. _____ preparar una paella, necesitas todos estos ingredientes. Te los he anotado _____ que los compres cuando vayas al mercado.
3. Eugenia viene _____ la tarde, _____ lo menos eso es lo que me dijo ayer, cuando la encontré en la cantina de la empresa.

4. Lo más difícil ______ mí es preparar los contratos ______ los clientes en el extranjero. ______ suerte todos tienen mucha paciencia en la oficina y me ayudan.
5. Hoy hablé ______ teléfono con Carlos. Fue ______ casualidad porque me dijo que normalmente está en la sucursal de Oviedo y vino solamente ______ la reunión de la administración.
6. El proyecto de construcción en San Sebastián fue dirigido ______ la oficina central de Madrid. ______ eso hay mucho descontento en la empresa.
7. ¿______ cuándo va a estar listo el presupuesto? Yo lo necesito ______ el 4 de abril. ¿Te parece que lo terminarás ______ esa fecha?

b) Vuelva a mirar las frases y diga qué frase no corresponde al tema.

9

Escriba con cada letra una palabra que tenga relación con el tema "trabajo".

T	R	A	B	A	J	O
teléfono	______	______	______	______	______	______

10

a) ¿Recuerda? Relacione los diálogos con estas situaciones.

- ◯ cómo hablar de prioridades
- ◯ cómo sugerir mejoras
- ◯ cómo reaccionar ante una buena noticia
- ◯ cómo reaccionar ante una mala noticia
- ◯ cómo expresar suposiciones
- ◯ cómo tranquilizar a una persona
- ◯ cómo expresar acuerdo y desacuerdo

1.
Ser profesor no es tan fácil.
Sí, es verdad, pero no olvides que tienen muchas vacaciones.

2.
¿Por qué no llama Elvira? ¿Le habrá pasado algo?

3.
¿Cómo sería su casa ideal?
En primer lugar, tendría que tener jardín.

4.
Ayer me robaron mi bolso con todos mis documentos.
¡Qué mala suerte!

5.
¡Por fin he encontrado trabajo!
Vaya, ¡qué alegría! Enhorabuena.

6.
Esta ciudad es muy bonita, pero tendrían que cerrar el centro al tráfico.

7.
Yo tengo miedo del examen.
No te preocupes, ya verás como no es tan difícil.

b) En grupos. Elijan una de las situaciones y formulen más diálogos.

¿Naturaleza intacta?

A. El arca de Noé

1 p. 99

Lea este artículo.
¿Qué relación hay entre esta información y la historieta de la pág. 99 del libro del alumno?

El basurero más alto del mundo

El País Semanal, n° 149

El 75 % del bosque del Everest ya ha desaparecido y hoy la montaña más alta del mundo tiene 20 toneladas de basura, tiradas por los escaladores[1] durante los últimos 40 años.

"Es necesario cuidar el Everest, porque los dioses[2] se van a enfadar y se van a ir a vivir a las ciudades."
Edmund Hillary, primer hombre que subió el Everest

1) *Bergsteiger* 2) *Götter*

2 A2

a) Unos niños han hecho algunas descripciones de animales.
¿De qué animales hablan?

papagayo – tigre – cocodrilo – mariposa – jirafa

1. Es un animal muy grande, ¡gigante! Es amarillo, con puntos marrones en la piel. Las patas son largas y el cuello también es muy largo. Come plantas y hojas de los árboles más altos.

2. Este animal vive en los ríos, pero también camina sobre la tierra. Es grande, pero también hay más pequeños. Es de color verde. Tiene una boca enorme con muchísimos dientes.

3. Es un animal, no, no, un insecto. Vuela y tiene alas de distintos colores. Pero no siempre. Hay también de colores tristes, gris, marrón y negro. Pero cuando tienen colores vivos son muy bonitas.

4. Son de muchos colores, tienen plumas azules, verdes, rojas, amarillas. Tienen un pico muy cómico y en las películas hablan.

5. Tiene rayas negras en todo el cuerpo, pero es amarillo. Es muy peligroso. Tiene dientes fuertes y come otros animales.

b) ¿Puede usted describir ahora dos animales? Su compañero/-a adivinará de qué animales se trata.

3 A2

a) La publicidad usa a veces animales para promocionar sus productos.
¿Se acuerda de alguna publicidad en que aparezcan animales, pero que no tenga relación con su comida? Aquí tiene dos ejemplos.

b) ¿Qué relación hay entre el producto y los animales que presentan en la publicidad?

4 A3

Los signos del zodíaco.
¿Cuáles son sus equivalentes en alemán? ¿De qué signo es usted?

ARIES
21-3 / 20-4

TAURO
21-4 / 20-5

GÉMINIS
21-5 / 21-6

CÁNCER
22-6 / 22-7

LEO
23-7 / 22-8

VIRGO
23-8 / 21-9

LIBRA
22-9 / 22-10

ESCORPIO
23-10 / 21-11

SAGITARIO
22-11 / 22-12

CAPRICORNIO
23-12 / 21-1

ACUARIO
22-1 / 21-2

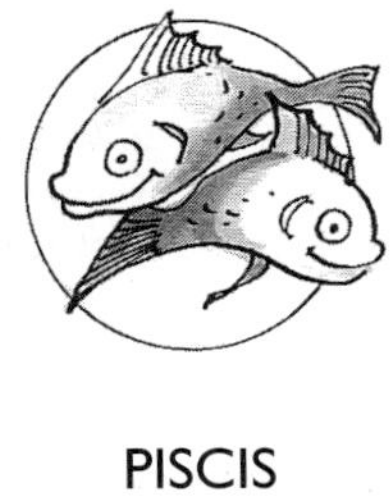
PISCIS
22-2 / 20-3

5 A3

a) En este tablero hay 9 adjetivos escondidos. ¿Los encuentra?

b) ¿Y cuál es el contrario?
El contrario de estos adjetivos se forma añadiendo alguno de los siguientes prefijos: des-, im-, in-. ¿Cuál le corresponde a cada uno de ellos? Haga una lista.

L	V	O	T	Z	O	R	C	X	P	T	N	A	R	S
A	G	R	A	D	A	B	L	E	A	P	T	Ñ	V	E
C	O	N	S	T	A	N	T	E	C	R	S	M	L	G
D	L	F	D	E	P	E	N	D	I	E	N	T	E	U
O	R	D	E	N	A	D	O	Z	E	T	D	F	T	R
T	M	O	Ñ	O	X	T	R	A	N	Q	U	I	L	O
H	O	C	F	T	D	M	L	Y	T	L	Ñ	E	P	H
A	H	Z	P	O	S	I	B	L	E	T	D	L	W	V

6 A3

Busque los contrarios numerando las fichas de dominó.

7 A3

a) Marisa tiene visita de un amigo de la infancia y le comenta un poco sobre los / las amigos / -as que vendrán esa noche a su casa.
Lea y complete los comentarios con algunos de los adjetivos correspondientes.

atento/-a | infiel | de buen humor | optimista | triste | simpático/-a | inconstante | callado/-a | reservado/-a

1. Ya verás, Adela te gustará. Es una chica muy *simpática* ____________ y todos la aprecian mucho. Se ríe mucho y siempre está ____________.
2. Alejandro ahora está pasando por un mal momento. Tiene problemas en su trabajo. En general es una persona muy ____________ y alegre, pero ahora está muy preocupado.
3. Valeria es una buena amiga mía. Esta noche no vendrá. Tiene problemas con su pareja. Él es una persona muy ____________ y ella está cansada de sus escapadas amorosas. Realmente es un período muy difícil para ella y está muy ____________.
4. A Elisa ya la conociste ayer. Es una chica muy ____________, ¿verdad? No habla mucho. Es muy ____________. Nos conocemos desde que éramos pequeñas y la quiero mucho.
5. José también es un viejo amigo. Trabajamos un tiempo en la misma empresa. Pero él se fue pronto, creo que ya ha cambiado muchas veces de trabajo. Es una persona ____________.
6. Raúl es un chico muy solidario. Siempre está dispuesto a ayudar, es muy ____________.

b) Mire esta caricatura. Y usted, ¿cómo está hoy?

8 A5

La persona ideal. ¿Cómo es para usted...

1. ... el / la vecino/-a ideal?
2. ... el / la compañero/-a de trabajo ideal?
3. ... el / la jefe /-a ideal?
4. ... el / la estudiante ideal?
5. ... el / la profesor/a ideal?

MODELO • El / La vecino/-a ideal es simpático/-a y tolerante y no se mete en mis cosas.

9 A5

¿Cómo se siente usted...

1. ... cuando tiene mucho estrés?
2. ... cuando no tiene ganas de hacer algo que tiene que hacer?
3. ... cuando le hacen esperar mucho tiempo al teléfono?
4. ... cuando tiene problemas que no puede solucionar?
5. ... cuando le felicitan por el buen trabajo que ha hecho?
6. ... cuando está de vacaciones?

MODELO • Cuando tengo mucho estrés, estoy nervioso /-a e irritable.

10 A5

¿Ser o estar? Complete estas frases con las formas adecuadas.

1. En 1903 _fue_______ inaugurada en Buenos Aires una fuente* que __________ conocida como la fuente de Lola Mora.
2. Lola Mora __________ una escultora argentina que vivió de 1886 a 1936.
3. El nombre que lleva esta fuente __________ *Las Nereidas.*
4. Esta fuente __________ en la avenida Costanera del Río de la Plata, que __________ un paseo situado cerca del río.
5. Las figuras centrales de la escultura __________ tres ninfas, que __________ las tres hijas de Poseidón, el dios del mar.
6. La obra __________ realizada en mármol de Carrara.
7. Actualmente, la escultura __________ en mal estado por el poco cuidado que le dan.

* *Brunnen*

11 A5

LERNTIPP

Manche Adjektive können mit **ser** und mit **estar** stehen.
Mit **ser** wird der Charakter einer Person beschrieben; mit **estar** wird eher ein vorübergehender Zustand oder eine subjektive Meinung zum Ausdruck gebracht.
Vergleichen Sie: Fernando es muy simpático. ¡Qué simpático está Fernando!

Manche Adjektive haben unterschiedliche Bedeutungen, je nachdem ob sie mit **ser** oder mit **estar** verwendet werden:

ser abierto	*aufgeschlossen sein*	estar abierto	*geöffnet sein*
ser aburrido	*langweilig sein*	estar aburrido	*gelangweilt sein (sich langweilen)*
ser atento	*aufmerksam (hiflsbereit) sein*	estar atento	*aufpassen*
ser bueno	*gut sein*	estar bueno	*gut schmecken; wieder gesund sein*
ser listo	*schlau sein*	estar listo	*fertig sein*
ser malo	*schlecht / böse sein*	estar malo	*nicht gut schmecken; krank sein*
ser rico	*reich sein*	estar rico	*lecker sein*
ser vivo	*lebhaft / schlau sein*	estar vivo	*am Leben sein, leben*

a) Complete estas frases con las formas de "ser" y "estar".

1. Esteban _es_____ un chico malo. No tiene casi ningún amigo y todo el mundo lo evita.
2. Eva ________ mala. Tiene fiebre y mucha tos desde anteayer, por eso no ha venido hoy.
3. Cuando Alicia ________ atenta en clase, no tiene problemas para resolver los ejercicios. Pero en general está muy distraída.
4. Juan Carlos ________ un chico muy atento. Siempre que sus compañeros/-as lo necesitan está dispuesto a ayudar.
5. Adriana ________ muy abierta y comunicativa, pero hoy está bastante callada. Debe tener problemas...
6. El museo ________ abierto hasta las siete, así que podemos recorrer todas las salas con tranquilidad.
7. Ya llegó el autobús para la excursión. ¿________ listos? ¡No perdáis tiempo! ¡Vamos!
8. Chica, ¡qué lista ________! Te diste cuenta enseguida que la Directora no quería escuchar nuestras aclaraciones.
9. Claudio, ese pastel que has traído ________ muy rico. ¿Me das la receta?
10. Escuchad: "Había una vez un señor que vivía en un castillo y que ________ muy rico. Pero a pesar de tener mucho dinero, no ________ feliz, porque..."

b) ¿Quién puede haber dicho todas estas frases?

12 A6

 Escuche y resuma lo que cuenta Amalia.

B. La ecología empieza en casa

13 B1

Escuche los sonidos de diversos electrodomésticos. ¿Cuáles son?

1. __________ 2. __________ 3. __________ 4. __________ 5. __________ 6. __________

14 B1

a) ¿Cuáles de los siguientes objetos (no) son imprescindibles para usted cuando sale de vacaciones?

MODELO • A mí (no) me hace falta el paraguas porque...

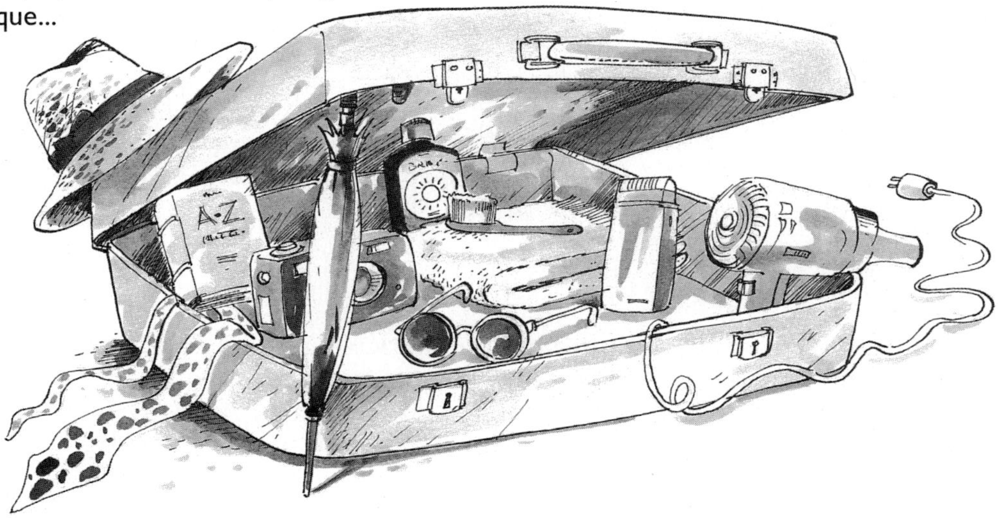

b) Y si alquilara una casa de vacaciones, ¿qué electrodomésticos pediría? ¿Cuáles no?

MODELO • A mí me basta con... y podría pasar mis vacaciones perfectamente sin...

15 B2

Lea este artículo y sustituya los dibujos por las palabras correspondientes.

Si observamos cómo es hoy el comportamiento de la gente con respecto al medio ambiente, podemos afirmar que lentamente se están produciendo cambios en muchos aspectos. Hoy por ejemplo los  ya forman parte del paisaje urbano. En los supermercados ya casi no se encuentran  con CFC y muchas bebidas sólo se ofrecen en . Los  que ofrecen son casi siempre biodegradables.
El mercado de  ecológicos es hoy de considerable importancia.
La gente está cambiando su comportamiento con el medio ambiente. Hoy se es consciente, por ejemplo, de la importancia que tiene  en la vida y lo necesario que es ahorrarla.
Si observamos los transportes públicos, vemos también que han mejorado y se han ampliado sus servicios. Ahora se ha incrementado el uso de las  como medio de transporte económico y saludable. Antes, sólo se usaban en el tiempo libre.
Todos estos ejemplos son pequeños pasos hacia un comportamiento más respetuoso con la naturaleza. ¡Enhorabuena!

16 B2

a) Ordene estas expresiones de frecuencia.

siempre
______
______
______
______
______

______
______
______
______
nunca

a menudo | casi siempre | todos los días | casi nunca | frecuentemente | de vez en cuando | siempre | a veces | muchas veces | nunca | pocas veces

b) ¿Con qué frecuencia realiza estas actividades de la casa?
Compare con su compañero/-a.

MODELO • Yo paso la aspiradora una vez por semana.

1. pasar la aspiradora
2. lavar la ropa
3. regar las plantas
4. lavar el coche
5. hacer un pastel
6. limpiar las ventanas

17 B3

Estas ilustraciones acompañan un artículo publicado en Cambio 16 sobre el comportamiento ecológico en la casa.
¿Puede escribir una o dos frases que acompañen las ilustraciones?

18 B5

Escuche los diálogos y diga si las personas realizan sus planes o no.

	1	2	3	4	5
sí					
no					

19 B5

Poniendo condiciones a todo.
¿Puede unir las frases siguientes usando: "si", "a menos que", "siempre y cuando"?

1. Yo no tengo ganas de ir de compras. Voy a ir sólo si tú me acompañas.
   Yo no voy a ir de compras *a menos que tú me acompañes.*
2. Voy a tomar el tren de las ocho. Pero sólo si lo alcanzo.
   Voy a tomar el tren de las ocho ________
3. A lo mejor preparo un pastel. Depende de que me queden huevos o no.
   Voy a preparar un pastel ________
4. Hoy quiero ir al cine. Tienen que pasar una película buena.
   Hoy voy al cine ________
5. No me gusta leer novelas. Leo sólo novelas que me recomiendan.
   Generalmente no leo novelas ________

C. Todo depende de nosotros

20 C2

¿Qué hace usted en situaciones como éstas?

1. Si se le rompe el televisor...
2. Si se queda dormido/-a a la hora de ir al trabajo...
3. Si llegan visitas a cenar y usted no tiene nada en la nevera...
4. Si no le llega el periódico al que está suscrito/-a...
5. Si llueve y usted no tiene paraguas...

21 C2

¿Se acuerda de las personas que pasan sus vacaciones de invierno en un chalet donde muchas cosas no funcionan?
Combine las dos frases usando "si", formando así frases hipotéticas.

MODELO • Si el teléfono no estuviera roto, podríamos llamar a la central para quejarnos.

1. El teléfono está roto. No podemos llamar a la central para quejarnos.
2. No hay agua caliente. No podemos ducharnos.
3. No encontramos productos de limpieza. No podemos limpiar.
4. Los vecinos hacen mucho ruido. No podemos descansar.
5. Hoy está nevando. No podemos salir a esquiar.
6. No hay televisión. No podemos ver el pronóstico meteorológico.
7. No tenemos luz en el dormitorio. No podemos leer en la cama.

22 C5

a) Aquí tiene una serie de palabras relacionadas con el tema de la destrucción del medio ambiente.
¿Sabe cuál es la traducción de cada una? Puede encontrarlas en las pág. 109 / 110 del libro del alumno.

b) ¿Puede colocar las palabras españolas en la columna que corresponda?
Tenga en cuenta que hay muchas soluciones posibles.

causas de la destrucción	consecuencias
gases de escape	*lluvia ácida*

c) ¿Puede completar estas frases usando algunas palabras de la tabla anterior?

1. A causa de los gases de escape ______________________________.
2. El efecto invernadero se produce debido a ______________________________.
3. ______________________________ y en consecuencia hay animales en peligro de extinción.
4. ______________________________, de ahí que estén aumentando los casos de cáncer de la piel.

23 C5

Escuche lo que comenta una chilena sobre los problemas ecológicos en su país.
¿Qué aspectos menciona? ¿A qué región de Chile se refiere?

24 C5

a) Lea este artículo sobre Helena Fusté, la presidenta española de Greenpeace.

GREENPEACE

La presidenta española de Greenpeace opina que para ser ecologista basta con usar el sentido común[1]

Helena Fusté, especialista en biología molecular, pasó seis años trabajando en un laboratorio químico. Desde que se ocupa de Greenpeace, la atacan, le ponen multas y hasta la encarcelan. Pero a pesar de todo piensa que el día que se decidió a trabajar para Greenpeace fue el más importante de su vida.

Desde 1996, Fusté es la presidenta de esta organización en España, que según ella es un país que se acuerda del medio ambiente solamente cuando va a la playa.

"Nosotros solos no podemos hacer nada", dice. "Los partidos políticos y los Gobiernos seguirán ignorando el medio ambiente mientras la sociedad no les presione." Greenpeace es una auténtica organización no gubernamental (ONG). Se autoprohíbe recibir una sola peseta del Gobierno, empresas o instituciones.

"Se han conseguido bastantes objetivos", recuerda Fusté. "Por ejemplo la nevera *greenfreeze*, sin CFC; el coche Smile, que sólo gasta 2,3 litros, o la villa olímpica de Sidney, totalmente ecológica. La tecnología para un mundo diferente está en el mercado y, además, es competitiva[2]. La industria del medio ambiente en Alemania mueve más puestos de trabajo que la metalurgia[3]. Falta que la sociedad española se mueva al mismo ritmo."

Esta mujer decidida no intenta ser **la ecologista**, pero lo es. "Ser ecologista significa para mí utilizar el sentido común en nuestro comportamiento cotidiano. Primero hay que informarse y luego hay que ser activo", resume Helena Fusté. "No te bañes, dúchate; cierra el grifo[4] al lavarte los dientes; apaga las luces que no utilices... Todas son medidas[5] de sentido común. Ahorras dinero y, además, es ecológico."

Adaptado de El País, 8.12.1996

1) *gesunder Menschenverstand*
2) *wettbewerbsfähig*
3) *Metallindustrie*
4) *Wasserhahn*
5) *Maßnahmen*

b) ¿Cuál fue para usted la información más interesante de este artículo?

c) Relacione estas frases con los párrafos correspondientes del artículo.

1. Las acciones que realiza Fusté para Greenpeace en muchas ocasiones le causan conflictos con la justicia.
2. Greenpeace es una organización independiente que no recibe dinero del Estado.
3. Cada uno tiene que ser consciente de su comportamiento con el medio ambiente.

25 C6

Éstas son propuestas hechas por organizaciones ecológicas.
Transfórmelas en exigencias.

MODELO • Yo exigiría a los gobiernos que hicieran leyes...

1. Los gobiernos tienen que hacer leyes para impedir la destrucción de los bosques.
2. Los gobiernos tienen que poner multas elevadas a las industrias que son responsables de la contaminación.
3. Los gobiernos tienen que limitar la emisión de gases.
4. Todos tenemos que poner en práctica el eslogan: "Protegiendo a la naturaleza nos protegemos y aseguramos el futuro".
5. Los programas educativos tienen que incluir en las escuelas la asignatura "Medio Ambiente".
6. Los medios de comunicación tienen que informar y publicar mucho más sobre los temas ecológicos.

26 C7

a) Aquí tiene explicaciones sobre el trabajo que realizan estas organizaciones. Relacione.

Manos Unidas

Survival
por los pueblos indígenas

CODA

1. Es la Coordinadora de las Organizaciones de Defensa Ambiental. Se fundó en 1978 y actualmente son más de 170 asociaciones ecologistas las que trabajan en España en dicha federación. Su objetivo principal es la conservación del medio ambiente y la búsqueda de alternativas que hagan posible un desarrollo ecológico en el mundo.
2. Es una organización no gubernamental. Se fundó en 1969 y desde entonces defiende, da a conocer y apoya las luchas por los derechos de los pueblos indígenas en todo el mundo. Esto lo realiza de tres maneras: con campañas, con programas educativos y con financiaciones a las organizaciones indígenas.
3. Es una organización católica no gubernamental. Se creó en 1960. Sus objetivos son por un lado sensibilizar e informar sobre los valores culturales, sociales y religiosos de los pueblos en el mundo y por el otro financiar proyectos en Asia, África, América Latina y Oceanía. Su eslogan es: unidos cambiaremos el mundo.

b) ¿Puede explicar usted el trabajo que realiza alguna de las siguientes organizaciones?

MEDICOS SIN FRONTERAS

GREENPEACE

unicef

FONDO MUNDIAL PARA LA NATURALEZA ADENA/WWF

27

Palabras, palabras, palabras...
Complete el mapa asociativo con las palabras y expresiones de esta unidad que quiera retener.

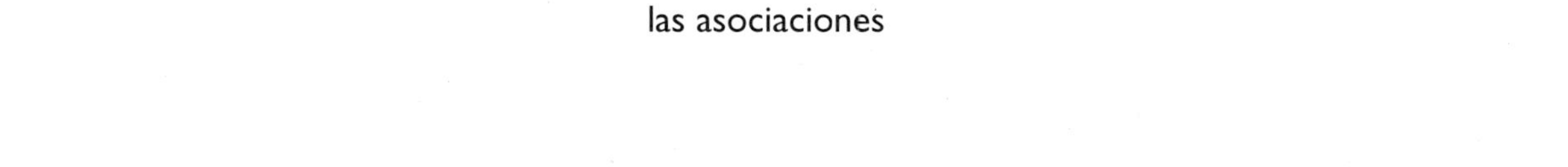

Rincón profesional

28 Rp1

Si usted quisiera contribuir con la organización de Greenpeace en España, ¿cómo rellenaría el formulario de la pág. 112 del libro del alumno?

Comunicación

A. Cómo nos comunicamos

1 p. 113

Escriba por lo menos 10 palabras que asocie con la comunicación.

2 p. 113

a) Estos gestos se hacen en algunas regiones de España y/o Latinoamérica.
¿Qué significan? Relacione.

b) ¿Qué gestos utiliza usted para expresar lo mismo?

3 A1

a) El contestador automático. Escuche y diga lo que pasa.

b) ¿Al final se van a encontrar Carlos y Eduardo? Y si se encuentran, ¿cuándo y dónde?

c) ¿Qué opina usted de situaciones como éstas y de los contestadores automáticos?

4 A4

a) Aquí tiene las secciones más importantes del periódico El Mundo.
¿Puede relacionar los siguientes titulares con sus respectivas secciones? Luego, compare con su compañero/-a.

OPINION — INTERNACIONAL — SOCIEDAD — CULTURA — ANUNCIOS BREVES — ESPAÑA — COMUNICACION — DEPORTES — BOLSAS — ECONOMIA

¡Pero si es Felipe...!

Los universitarios tendrán que pagar tasas más altas en los próximos años

Se reúnen los jefes de Estado latinoamericanos para reanudar el diálogo

MERCADO CONTINUO (Cotización en euros)
BANCA

NOM.	TITULO	CIERRE	DIF.	VOL.	DIAS
3,01	BBVA	50,90	-0,36	1,92	220
1,51	BSCH	17,17	-0,18	6,64	220
2,41	Banesto	8,25	+0,24	4,75	220

Castro Urdiales -Cantabria-
Alquilo todo el año. Fines de semana y verano. Céntrico, 2 habitaciones, salón, cocina y baño. Amueblado. 945/147855. Tardes.

El accidente de Almería eleva a 13 los muertos en autobús

Victoria inesperada del Atlético de Madrid frente al Ajax Amsterdam

La inversión publicitaria en TV crece un 4,3%

En el Prado se va a inaugurar una nueva exposición de Velázquez

El sector eléctrico invirtió tres billones

b) ¿Con qué sección relaciona usted los titulares de las pág. 115 y 116 del libro del alumno?

5 A5

a) Mire este teleprograma español del domingo.
Compárelo con el de su país. ¿Hay similitudes?
(tipo de canales, tipos y horarios de programas, etc.)

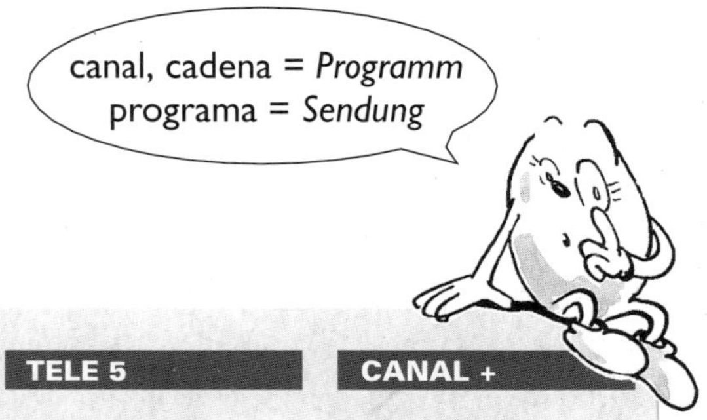

TVE-1

5.35 *Misión Top Secret.*
6.25 *Cuentos para dormir de S. Durall.*
7.15 *¡Domingo fiesta!*
10.15 *V. Serie*
11.05 *¿Qué apostamos?*
13.55 *Cartelera TVE.*
14.30 *Corazón, corazón.*
15.00 *Telediario 1.*
15.30 *El tiempo.*
15.45 *Sesión de tarde.* "El retorno de las brujas". (Todos los públicos).
17.50 *Cine de oro.* "Montaña rusa". (Todos los públicos).
20.25 *Kety no para.*
21.00 *Telediario 2.*
21.25 *El tiempo.*
21.30 *Sólo goles.*
22.00 *Maridos y mujeres.*
1.15 *Sombras de Nueva York.* Serie. "Basura".
2.00 *Noticias.*
2.05 *Cine de madrugada (I).* "Un largo camino". (Dual, Mayores 12 años).
3.45 *Cine de madrugada (II).* "Ir contracorriente". (Mayores 18 años).

La 2

6.00 *Euronews.*
6.45 *That's English.*
7.30 *UNED.*
8.00 *Concierto de la Conferencia Episcopal.*
8.45 *Tiempo de creer.*
9.00 *Jara y sedal.*
9.30 *Pueblo de Dios.*
10.00 *Últimas preguntas.*
10.25 *Testimonio.*
10.30 *El día del Señor.*
11.30 *Los himba.*
12.00 *Estadio 2. Zona basquet.* Rallyes tierra. Waterpolo: Final.
17.30 *Cumbre Iberoamericana de Jefes de Estado y de Gobierno.*
18.00 *La enciclopedia audiovisual.*
19.00 *Un país en la mochila.* "La ruta del mármol".
20.00 *PC Adictos.*
20.30 *Cumbre Iberoamericana.*
21.30 *Para qué sirve un marido.* Serie. "¿Quién es quién?"
21.15 *Estudio estadio.*
24.00 *La nueva China.*
1.30 *Cine español. "Tocando fondo".*
3.00 *Cineclub.* "La Orquesta Roja".
5.05 *Despedida y cierre.*

Antena 3

6.20 *Gardenia.*
7.25 *Enciclopedia.*
7.30 *Club Megatrix.*
10.55 *Sorpresa, ¡sorpresa!* (Repetición).
15.00 *Noticias.*
15.35 *Cine.* "Los visitantes". En un centro de observación aeroespacial, un joven científico roba una misteriosa maleta.
17.20 *Cine.* "El hotel de los fantasmas". Peter Plunkett vive junto a su madre y a los espíritus de sus ancestros en el castillo familiar.
19.20 *Situación de emergencia.*
20.20 *Espejo público.*
21.30 *Cine.* "La casa de los líos". La familia Valdés está preocupada porque el tío Arturo no se encuentra bien.
22.50 *Lo que necesitas es amor.*
1.20 *Cine.* "Adiós, Mr. Chips". El profesor Chips es un hombre recto y severo que conoce a una actriz de variedades en unas vacaciones en Italia.
3.25 *Televenta.*
4.25 *Cine.* "Espera hasta que luzca el sol, Nelly".

TELE 5

6.30 *Superboy.* Serie.
7.00 *Fórmula uno.*
7.30 *Grandullón.*
8.00 *El desván del trasgo.*
11.30 *Más que coches.*
12.00 *Sensación de vivir.*
13.00 *Al salir de clase.*
14.00 *Bricomanía.*
14.30 *Las noticias.*
15.10 *Caiga quien caiga.*
16.10 *Cine fin de semana.* "Bitelchus". Una pareja de fantasmas ve rota su apacible vida de ultratumba al ocupar su casa una ruidosa familia.
18.00 *De domingo a domingo.*
20.00 *Las noticias.*
21.10 *De domingo a domingo.* (Continuación).
21.20 *Más que amigos. "Equivocados".* Dani se da cuenta que entre Mar y Víctor hay una relación especial.
22.45 *Expediente X.* "Unrequited".
23.45 *Zoom.*
0.55 *Las noticias.* Avance.
1.00 *Cine clásico.* "La rosa tatuada".
2.30 *Rebelde.*
4.00 *Pelota vasca.*

CANAL +

7.00 *Del 40 al 1.* (Mult.).
8.00 *Programa más o menos multiplicado o dividido.*
9.30 *Cine.* "Angeles". (Codificado).
10.40 *MagaCine: Toma 2*
11.00 *Fútbol americano.* (Diferido). (Cod.)
11.55 *Previo fútbol.*
12.00 *Fútbol.* Liga española. Segunda División.
14.30 *Avance.* Redacción.
14.35 *Más deporte fin de semana.*
15.00 *Fútbol mundial.*
15.30 *Cine.* "Poderosa Afrodita". (Cod.).
17.01 *Cine.* "Acoso judicial". (Cod.).
18.34 *Boxeo.* Resumen.
18.55 *Previo fútbol.*
19.30 *Fútbol.* Liga española. Primera División.
21.30 *Redacción.*
21.53 *Contrareloj.*
22.00 *Estreno Canal+.* "Segunda oportunidad". (Cod.)
23.36 *El tercer tiempo.* Programa deportivo.

Autonómicas | **Parabólicas** | **Canal Satélite Digital**

b) Si usted tuviera tiempo hoy para ver la tele, ¿cuáles de estos programas le gustaría ver?

6 A5

a) Lea estas opiniones sobre la televisión.

Aliada de los estudios
"A los niños se les enseña a escribir, pero no a ver la televisión", dice Len Masterman, asesor del Consejo de Europa y de la Unesco. "Los padres deben organizar el tipo de programas que aconsejarían a sus hijos y luego deben darles la posibilidad de comentar y discutir lo que han visto."

La televisión une
Digan lo que digan, a mí me gusta pasar un rato frente al televisor. En general, entre semana en mi casa todos tienen miles de actividades, pero siempre hay alguna noche en la cual nos reunimos frente al televisor. Muchas veces lo usamos de pretexto* para hablar y comentarnos nuestras cosas. Y otras veces es por mirar simplemente un poco la tele. No sé, es tal vez una opinión muy personal...

La televisión separa
- La televisión separa mucho... En mi casa ya no hay diálogo, ni convivencia, ni nos vemos uno a otro.
- Pero, ¿qué pasa? ¿A tu mujer le gusta y a ti no?
- ¡No, todo lo contrario! Nos encanta a los dos, y a nuestro hijo también.
- Pues, ¿entonces...?
- Es que hay muchos canales, ya sabes. Y, claro, tenemos tres televisores. Uno en cada habitación. Y así vivimos los momentos que pasamos en casa. Cada uno frente al suyo. La televisión separa mucho, mucho...

Los anuncios cada vez más inútiles
Es posible que los españoles veamos cada vez menos televisión, pero cada vez vemos más anuncios. Este año, según el estudio de Zenith Media, han pasado un 20% más de minutos con anuncios publicitarios que el año pasado, pero la eficacia de la publicidad en la televisión ha disminuido un 30% con respecto al año pasado. Y en realidad se trata del exceso de anuncios: hay tal cantidad, que cada vez interesan menos al espectador. ¿Es el zapping la estrategia desarrollada por los espectadores en contra de los anuncios?

* *Vorwand*

b) En parejas. Elijan una de estas opiniones y coméntenla.

7 A6

a) ¿Puede repetir estas frases que dijeron algunas personas?

MODELO • Una persona preguntó cuándo salían y dijo que...

1. ¿Cuándo salimos? Ya llevamos un retraso de casi una hora.
2. Tengo que ponerme el cinturón de seguridad.
3. ¡Tengo unas ganas de fumar increíbles, pero todavía no se puede!
4. ¿Dónde está la revista que hay siempre a bordo?
5. ¿A qué hora sirven la comida?
6. Tengo todo: pasaporte, cheques de viaje, tarjeta de crédito.
7. Tienen un buen programa de películas. ¡Qué suerte!
8. ¡Qué miedo tengo! ¿Por qué hago este viaje si tengo siempre tanto miedo?

b) ¿En qué situación pueden haber dicho las personas estas frases?

8 A6

Ayer fue su día libre. Le han dejado algunos mensajes en la oficina.
Hoy, su compañero/-a de oficina le transmite estos mensajes.

MODELO
- Tu hermano dijo que no tenía tiempo para comprar el regalo y que lo compraras tú.

1. Tu hermano no tiene tiempo para comprar el regalo. Que lo compres tú.
2. Sr. Martínez (de la filial de Oviedo) dice que no llegaron los catálogos y que se los mandes.
3. Taller mecánico: con tu coche hay complicaciones. Que los llames lo antes posible.
4. Claudia: quiere saber a qué hora sales del trabajo. Que la llames.
5. Tu jefe: ya estaba enterado de la reunión y está de acuerdo.
6. Julia estaba preocupada y quería hacerte una consulta. Que la llames.

9 A7

a) Ordene las partes de este artículo.

○ Hace 25 años comenzó el proyecto *Teléfono de la Esperanza*, que tenía como objetivo solucionar las situaciones más críticas y desesperadas[1] de las personas que llamaban por teléfono.

○ Según las estadísticas, la mitad de las llamadas se solucionan en la primera comunicación, el resto de las llamadas requiere la intervención del equipo de trabajo social y jurídico. La eficacia que tiene este tipo de servicio y la ayuda que presta son tan importantes que cada vez hay más iniciativas y asociaciones que lo ofrecen.

○ En muchas ocasiones estos grupos de ayuda constituyen la única relación que existe entre las personas necesitadas y la sociedad. Las llamadas son anónimas y confidenciales, para que las personas que hacen uso de este servicio se sientan protegidas y seguras. Para trabajar en un proyecto como éste, no basta con tener vocación[2], ya que a veces la dureza de algunas llamadas exige una profesionalidad y preparación especiales para poder realmente ayudar.

○ Hoy son muchas las organizaciones que hacen este tipo de trabajo voluntario. Una de estas iniciativas es el *Teléfono Dorado*, que atiende a la Tercera Edad. 120 voluntarios trabajan en 70 turnos semanales de una hora para atender las 130.000 llamadas que tienen de promedio por año.

Adaptado de Cambio 16

1) *hoffnungslos* 2) *Berufung*

b) ¿Conoce este tipo de servicio telefónico en su país? ¿Puede dar algún ejemplo?

B. En contacto

10 B1

Escuche estas breves conversaciones y diga a qué fotos de la pág. 119 del libro del alumno se pueden referir.

11 B2

Haciendo mil cosas a la vez.
Complete las preguntas y luego contéstelas.

1. ¿Se ducha *(cantar)* cantando ?
2. ¿Puede leer un libro *(escuchar)* ______________ música?
3. ¿Puede hablar por teléfono *(lavar)* ______________ los platos?
4. ¿Desayuna *(leer)* ______________ el periódico?
5. ¿Puede rellenar un formulario *(hablar)* ______________ con un cliente por teléfono?
6. ¿Puede abrir la puerta de su casa *(tener)* ______________ veinte mil paquetes en las dos manos?

12 B2

Lea esta carta y transforme las frases sustituyendo las palabras marcadas.

MODELO • Cuando recibí tu postal...

Querido Manuel:
Al recibir tu postal me alegré mucho. Fue una gran sorpresa. Sabiendo como sé que no te gusta escribir cartas y teniendo en cuenta el poco tiempo que tuviste durante tu viaje, no esperaba recibir noticias tuyas. Muchas gracias por haberte acordado de mi cumpleaños. Hice una pequeña fiesta con un par de amigos y por unos momentos te recordamos escuchando tu música favorita.
¿Qué te puedo contar? Por aquí sigue todo igual y como siempre: corriendo contra reloj, respirando smog y ahogándonos de calor en esta ciudad sin aire. Y pensando que tú disfrutas de familia, paisaje y emociones en tu querido Ecuador.
Un abrazo fuerte desde Madrid y saludos de todos y todas.
Olga

C. Malentendidos

13 C3

En la fiesta de despedida de Mariluz, que se fue a vivir a Holanda, sus amigas le regalaron una foto de recuerdo.
Lea lo que le escribieron en la foto y transforme según el modelo.

MODELO • Miriam esperaba que la trataran bien y que...

1. Espero que te traten bien y que tengas éxito con tus planes. Abrazos. Miriam
2. No esperamos que nos escribas todas las semanas, pero sí que nos envíes una postal de vez en cuando. Besos. Maribel
3. Deseo que aprendas pronto el idioma y que no tengas ningún problema. Un abrazo fuerte de Puri.
4. Quiero que me extrañes y te acuerdes muchas veces de mí. Besos de Trini
5. ¡Esperamos que encuentres pronto una casa enorme y que podamos visitarte! Saludos especiales de Victoria y Claudia
6. No creo que encuentres amigas tan simpáticas como nosotras. Por eso queremos que vengas a visitarnos muchas veces. Fina
7. Espero que nos mandes un queso de Gouda grande. Cristina

14 C3

¿Se acuerda de la conversación por contestador automático de Carlos y Eduardo?
Aquí tiene uno de los mensajes. ¿Puede repetir lo que dijo Carlos?

MODELO • Carlos dijo que era increíble que no pudieran hablar directamente.

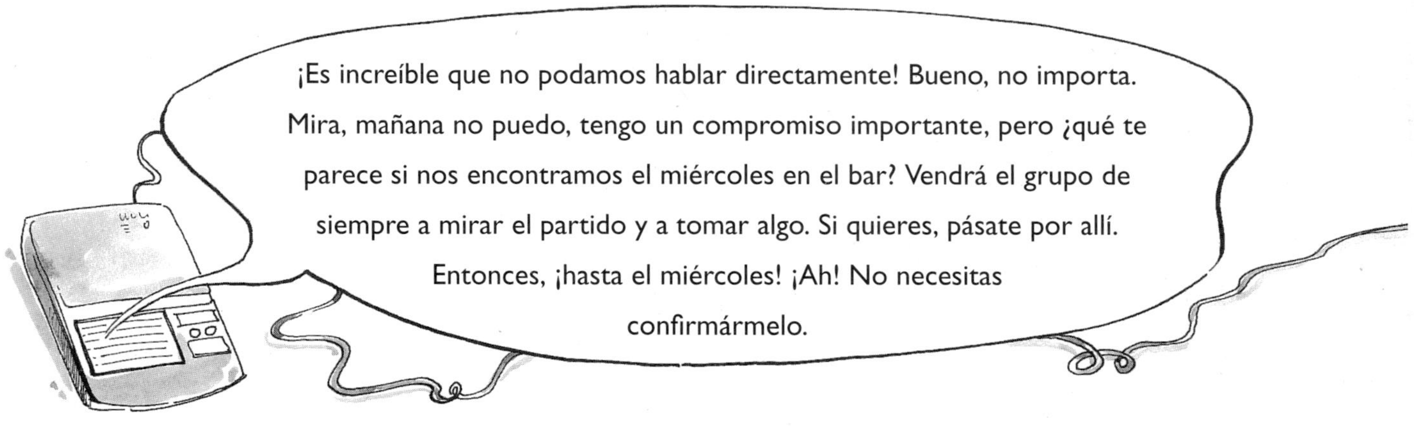

15 C4

a) Lea este pasaje del libro "Cuando vivía en Puerto Rico" de la portorriqueña Esmeralda Santiago.

"¿Qué dice la carta, Mami?", pregunté.
"Dice que espera que nos gusten los regalos." Me miró y dijo: "Podrías escribirle una carta a la abuela Tata y decirle que la queremos y que nos encantaron las cosas."
"Claro." A mí me gustaba escribir cartas. Especialmente si era para mandarlas lejos. Esa noche le escribí una carta a Tata, a Nueva York. Necesitaba tiempo para hacerlo, porque recién estaba aprendiendo a escribir de corrido en la escuela.
Cuando terminé la carta, se la leí a Mami en voz alta.
"*Querida Tata, los regalos que nos mandaste nos gustaron mucho. El vestido a lunares me queda bien, y Delsa se ve muy bonita con el vestido azul. Mami se guarda la blusa amarilla para después de tener el bebé. Te queremos mucho y te damos las gracias por las cosas que nos has mandado. Muchos cariños. Negi.*"
"... Has hecho un error...", dijo Mami.
"¿Qué?"
"Empezaste la carta sin el saludo."
"No es verdad. ¿Ves? *Querida Tata.*"
"Ya sé, pero tienes que escribir: *Espero que te encuentres bien de salud al recibo de la presente. Nosotros también estamos bien gracias a Dios.* Puedes escribir *A Dios Gracias* abreviando *A.D.G.* si quieres."
"¿Por qué hay que empezar así?"
"Todas las cartas empiezan así."
"Pero, ¿por qué?"
"No sé.", dijo enojada. "Yo lo aprendí así. Y todas las cartas que recibo empiezan así. Cuando la carta no tiene saludo, no es una carta. Además, es de mala educación no desearle buena salud a la persona. Y a Dios siempre hay que agradecerle primero. Mejor que la escribas de nuevo."
"No quiero escribirla otra vez."
"Tienes que hacerlo." La dejó sobre la mesa. "Termina de escribirla, así la puedo llevar mañana al Correo." Salió.
...

b) ¿Cómo piensa que termina este pasaje? ¿Negi escribe el saludo que exige su mamá?
Mire el anexo y compruebe.

16 C5

a) Lea este fragmento de una entrevista sobre una investigación que trata el tema "Los niños y la televisión".
¿Puede sustituir las expresiones *en cursiva* por otras, sin cambiar el sentido de la frase?

periodista: María Julia, en la investigación que has hecho sobre los niños y la televisión, hablas de la teleadicción de los niños. Es una afirmación bastante dura. ¿Cómo llegas a esa conclusión?

investigadora: No. Mira, *quizá no ha quedado muy claro.* Lo que yo trato de explicar en mi trabajo en realidad es que tenemos que tener en cuenta que en España el 99% de los hogares tienen televisión y la ven de 3 a 4 horas diarias. *Eso significa que* los niños pasan delante del televisor aproximadamente un 20% del tiempo que están despiertos. ¿Te das cuenta? Es mucho tiempo, pero *yo no he dicho que* los niños sean teleadictos, sino que la televisión puede llevarlos a un estado de dependencia. La fascinación que tiene la imagen y la variedad de programas que hay son muy grandes. Pero yo hablo solamente de tendencias.

periodista: O sea que para ti los niños tienden a quedarse demasiadas horas ante el televisor. Y con esto paso al otro punto importante de tu investigación, *es decir,* cómo utilizar correctamente este medio de comunicación. Tú hablas por ejemplo de la falta de responsabilidad de los padres ante sus hijos y cómo utilizan la televisión para mantener a sus hijos tranquilos sin que les molesten. *En otras palabras,* los padres están conformes con que sus hijos vean la tele.

investigadora: No, pues, *tampoco he dicho exactamente eso.* Siempre hablo de las tendencias en las familias y en la sociedad. Lo que trato de poner en claro es que un 69% de los niños y niñas ven programas para adultos que pasan en la tele entre las 8 y las 11 de la noche y que eso sí es responsabilidad de los adultos...

b) ¿Qué piensa usted sobre este tema? Hable con su compañero/-a.

17 C7

Escuche lo que le pasó a una alemana en España.
¿Cuál fue el malentendido?

18

a) Vuelva al ejercicio 1 de la pág. 101 y confirme si las palabras que usted relacionó con el tema de la comunicación se han visto en esta unidad.

b) Palabras, palabras, palabras...
Complete el mapa asociativo con las palabras y expresiones de esta unidad que quiera retener.

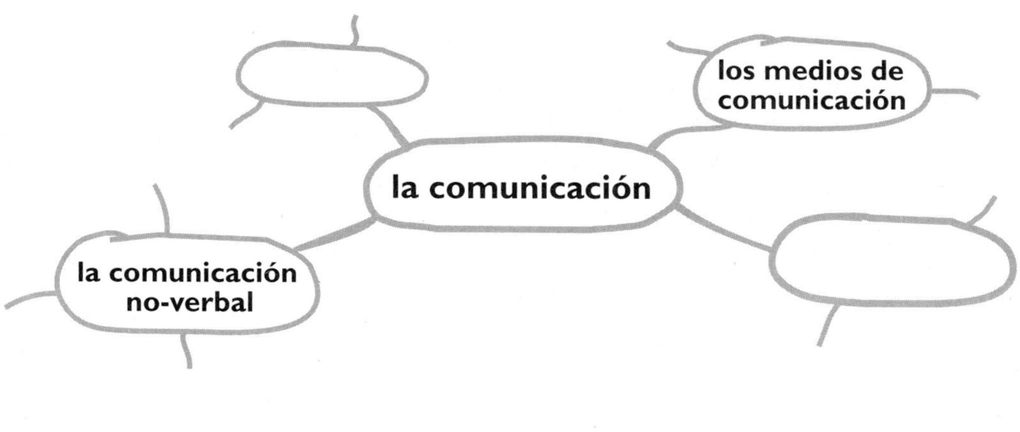

Rincón profesional

19 Rp1

¿Qué es?
Elija un objeto del dibujo del libro del alumno, pág. 125. Su compañero/-a le preguntará para averiguar cuál es. Usted sólo puede contestar "sí" o "no".

MODELO
- ¿El objeto está encima del escritorio?
- Sí. / No.

20 Rp1

LERNTIPP

Lerntipp

Das Internet bietet Ihnen eine interessante Möglichkeit, um mit der spanischsprachigen Welt in Kontakt zu kommen. Sicherlich gibt es auch in Ihrer Volkshochschule einen Internet-Anschluss oder ein Internet-Café in Ihrer Stadt, wo Sie einmal im Internet „surfen" können (navegar por Internet). Hier seien nur einige der vielen Möglichkeiten dieses weltweiten elektronischen Netzes erwähnt: So können Sie sich z. B. Adressen von Sprachschulen, Institutionen und Firmen im In- und Ausland besorgen, die elektronische Ausgabe verschiedener Zeitungen und Zeitschriften lesen, sich über Ausstellungen in spanischen Museen informieren oder aber in direkte Kommunikation mit Spaniern, eventuell sogar mit Lateinamerikanern treten.
Den Klett-Verlag erreichen Sie z. B. unter folgender Internet-Adresse: http://www.klett-verlag.de, das Instituto Cervantes in Madrid unter http://www.cervantes.es, die spanische Tageszeitung El País unter http://www.elpais.es, die argentinische Tageszeitung Página 12 unter http://www.pagina12.com.ar und die mexikanische Tageszeitung La Jornada unter http://www.unam.mx/jornada/cnte.html.

21 Rp2

a) Escuche el informe presentado por el jefe de Ventas sobre el análisis de ventas de este año. Complete los datos que faltan.

1. En comparación con el año anterior las ventas aumentaron en la segunda ______________ del año.
2. Bajo la rúbrica Bolsos se ha vendido sólo ______________ de lo pronosticado.
3. Bajo la rúbrica Mochilas se ha vendido ______________ de lo previsto.
4. Las maletas modelo "Llevotodo", comparando con el año pasado, se han vendido ______________ más de lo pronosticado.
5. Las maletas modelo "Fin de semana" se vendieron solamente ______________ de lo previsto.

b) ¿La venta de qué productos ha aumentado / disminuido / permanecido igual?

Ideales y tradiciones

A. Rituales

1 p. 127

Aquí tiene algunas informaciones sobre cuatro de las fotos que están en la pág. 127 del libro del alumno. Relacione.

Faldas de Galicia | Danzante azteca | San Judas Tadeo | Tarot

1. Juego de origen italiano usado para predecir el futuro. Consta de 78 cartas que llevan estampadas diversas figuras, por ejemplo la luna, la muerte, etc.

2. Las mujeres las llevan en las fiestas tradicionales para bailar la muñeira. Estas faldas generalmente son negras con un borde de franjas rojas y a veces llevan también bordados o aplicaciones con piedras.

3. Mucha gente creyente tiene una relación especial con algún santo al que le hacen promesas. Por ejemplo, cuando tienen un deseo, ponen avisos en el periódico tipo "carta en cadena" para conseguir que otras personas expresen también su devoción a ese santo. Cumpliendo así su promesa y rezando determinadas oraciones, esperan que se cumpla su deseo.

4. En el Zócalo (antigua Plaza de Armas) de México D.F. se reúnen grupos indígenas que no sólo interpretan música tocando instrumentos tradicionales y bailando con sus trajes de ceremonias, sino que también hablan sobre las tradiciones y los derechos de sus pueblos.

2 A1

a) Escuche esta entrevista sobre una fiesta tradicional y conteste las preguntas.
¿Qué fiesta es? ¿Dónde se celebra? ¿Cómo se celebra?

b) ¿Puede describir alguna fiesta de carnaval que conozca o sobre la que haya leído?

3 A2

a) Aquí tiene una de las páginas que publican los periódicos sobre las procesiones de Semana Santa para cada región.
¿Puede contestar las preguntas mirando el programa de Sevilla para el Viernes Santo?

1. ¿Cuál es la cofradía en la que participan más personas (nazarenos)?
2. ¿Cuántas esculturas llevan en cada procesión?
3. ¿Cuántas procesiones simultáneas hay a las nueve de la noche?
4. ¿A qué hora sale la procesión de la Cofradía El Museo? ¿Y cuándo termina?
5. ¿Cuántas horas dura la procesión de Santa Genoveva?

Viernes 10 de abril de 1998 — **ANDALUCÍA** — EL PAIS 7

SEMANA SANTA 98

Procesiones del Viernes Santo en Sevilla

Horas	El Beso de Judas (Iglesia de Santiago)	Santa Genoveva (Pl. Santa Genoveva)	Santa Marta (San Martín)	San Gonzalo (Parr. San Gonzalo)	La Vera-Cruz (Capilla de Jesús)	Las Penas (Parr. de San Isidoro)	Las Aguas (Capilla Dos de Mayo)	El Museo (Capilla del Museo)
	489 nazarenos 2 pasos	1.466 nazarenos 2 pasos	602 nazarenos 1 paso	1.135 nazarenos 2 pasos	1.448 nazarenos 2 pasos	518 nazarenos 2 pasos	397 nazarenos 2 pasos	748 nazarenos 2 pasos
1.30		Salida						
3.00	Salida	Isabel la Católica		Salida				
4.00	Santiago	Puerta de Jerez		Martín de Porres				
4.30	Imagen	Avda. Roma		San Jacinto				
5.00	J. Lasso d. l. Vega	F. y González		San Jacinto				
5.30	Campana	Tetuán		Puente de Triana				
6.00	Sierpes (Rioja)	Campana	Salida	San Pablo				
6.30	Avenida	Sierpes	S. Andrés	Magdalena			Salida	
7.00	V. de los Reyes	Avenida	Campana	Rioja		Salida	Arfe	
7.30	Francos	Catedral	Sierpes	Campana	Salida	Villegas	Castelar	
8.00	Chapineros	Puerta de Jerez	Avenida	Sierpes	S. Vicente María	Villasis	Barcelona	
8.30	C. del Rosario	Universidad	Catedral	Avenida	Campana	Trajano	Plaza Nueva	Salida
9.00	Alfalfa	Avda. del Cid	Placentines	Virgen d. l. Reyes	Plaza	Campana	Tetuán-Rioja	Plaza del Muse
9.30	Sales y Ferré	Isabel la Católica	Salvador	Dos de Mayo	Avda.-Catedral	Plaza	Campana	Alfonso XII
10.00	San Leandro	Don Pelayo	Orfila	Adriano	Placentines	Catedral	Plaza	Campana
10.30	Entrada	Felipe II	Entrada	Reyes Católicos	Francos	Placentines	Catedral	Sierpes
11.00		General Merry		Puente de Triana	Cuna-Laraña	Plaza del Pan	Plaza del Triunfo	Avenida
11.30		A. Topete		San Jacinto	Concordia	Alfalfa	Rodríguez Jurado	Placentines
12.00		R. Bustamante		San Jacinto	Entrada	Entrada	Postigo	Plaza Nueva
12.30		Entrada		Entrada			Dos de Mayo	Velázqzez
1.00							Entrada	Alfonso XII
1.30								Plaza del Muse
2.00								Entrada

b) Escuche a una española que cuenta sobre su cofradía y tome algunas notas.
Luego, anote una o dos preguntas sobre la entrevista y hágaselas a sus compañeros/-as.

4 A4

a) Lea algunas informaciones sobre la superstición.

La superstición es la creencia irracional que atribuye poderes sobrenaturales a determinados acontecimientos. También es el miedo irracional a ciertos hechos, objetos, coincidencias, etc. Dos especialistas han pasado varios años recogiendo datos, señales, indicios y documentación para explicar el origen de más de 500 supersticiones. El resultado ha sido la "Enciclopedia de las supersticiones". Aquí un par de ejemplos de las supersticiones más clásicas.

b) Relacione las supersticiones con su aclaración correspondiente.

1. Cruzarse con un ? para muchas personas provoca un sentimiento de intranquilidad. Probablemente esta superstición comienza en la Edad Media. Se creía que las brujas se convertían en ? para que no las descubrieran, ya que en esa época las perseguían para quemarlas vivas en hogueras. Por eso también persiguieron y mataron a los ? .

2. Según las explicaciones que se dan, su origen se remonta al siglo XV. Los primeros ? que se fabricaron en Venecia tenían una lámina de plata. Era, por lo tanto, un producto muy caro y de lujo, y se les decía a los sirvientes que romper un ? equivalía a siete años de mala suerte.

3. Es una superstición bastante reciente, ya que ? no se vieron en Europa hasta el siglo XVII. Una versión dice que en esa época eran objetos muy grandes que podían provocar fácilmente accidentes dentro de la casa. Otra versión afirma que el ? procede de los parasoles de Oriente, utilizados por los reyes de origen divino. Si lo usaba una persona común, ofendía a los dioses. De todas formas, abrir el ? dentro de la casa trae mala suerte.

En cuanto a supersticiones modernas, los autores explican, por ejemplo:

4. Los peligros para los conductores en la actualidad son muchísimos. Por eso para alejarlos, hay que evitar el número 13 en las matrículas. Si la persona que compra un ? durante los primeros seis días no tiene ningún problema, está protegida para siempre contra accidentes.

5. La presencia de religiosos en un ? puede ser una señal negativa para las personas supersticiosas. Los pilotos tienden a confiar en una pata de conejo como amuleto, porque, según se comenta, un piloto llevaba este amuleto cuando se accidentó con su ? y se salvaron todas las personas.

c) Lea y conteste las preguntas.

¿Hay gente en su país que tenga o lleve consigo amuletos?
¿Qué tipo de amuletos? ¿Sabe qué poderes se les atribuyen?

Amuleto: es el objeto que llevan algunas personas consigo y al que le atribuyen poderes sobrenaturales.

5 A5

Para el casamiento del hermano de Peter vendrán dos primos de Venezuela.
Él está bastante nervioso porque no los conoce y quiere atenderles bien.
Algunos/-as amigos/-as le dan un par de consejos. Complete.

1. *(ser)* Sería ________ conveniente que *(llamar)* llamaras ________ por teléfono a Venezuela para saber exactamente cuándo llegan.
2. Te *(aconsejar)* ____________ que *(invitar)* ____________ a la boda también a los amigos/-as latinoamericanos/-as. Así no se sienten solos.
3. Te *(recomendar)* ____________ que les *(mostrar)* ____________ un poco nuestra región. Así se forman una idea más concreta de donde están.
4. Para hacer excursiones, te *(aconsejar)* ____________ que primero les *(preguntar)* ____________ a ellos qué planes tienen. Así no pierden tiempo con cosas que no les interesan.
5. Te *(recomendar)* ____________ que les *(comprar)* ____________ un periódico en español en la estación. Así están informados de lo que pasa en su país.
6. Te *(aconsejar)* ____________ que *(ir)* ____________ al Cineclub de la ciudad. Así ellos pueden ver alguna película interesante en español.

B. Buscando el equilibrio

6 B3

Al salir de la fiesta. ¿De qué se quejan estas personas? ¿Qué no les ha gustado?

7 B4

¿Cuándo consulta usted estos especialistas?

MODELO • Cuando me duele la garganta voy al otorrinolaringólogo.

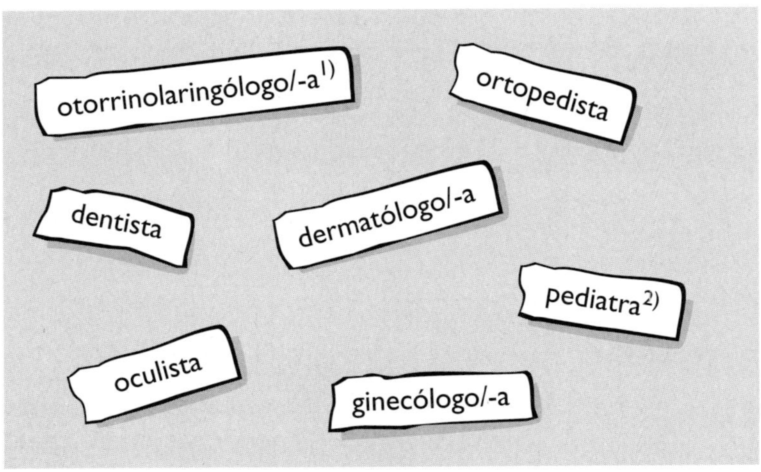

1) *HNO-Arzt/Ärztin* 2) *Kinderarzt/-ärztin*

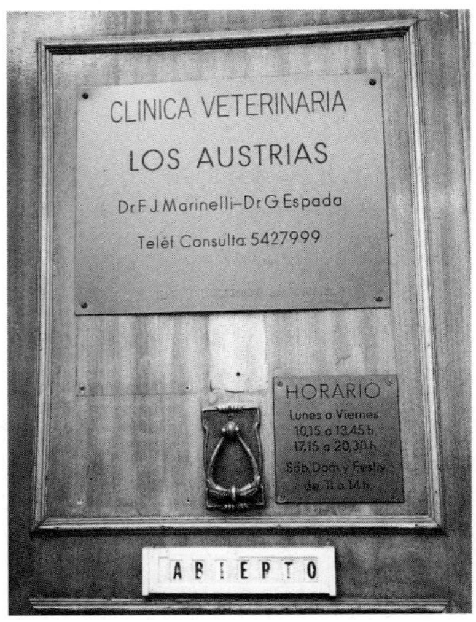

8 B4

a) Lea esta información sobre la acupuntura.

La acupuntura forma parte de la medicina tradicional en China. Es una ciencia medicinal que existe desde hace 2.300 años. Consiste en aplicar agujas metálicas en determinados puntos del cuerpo que están en relación con órganos u otras partes concretas del cuerpo. Con estas agujas se estimula la función de estos órganos. La acupuntura se puede llevar a cabo en todo el cuerpo, en especial en la oreja.

b) Los puntos aquí señalados corresponden a esos órganos o partes del cuerpo. Relacione.

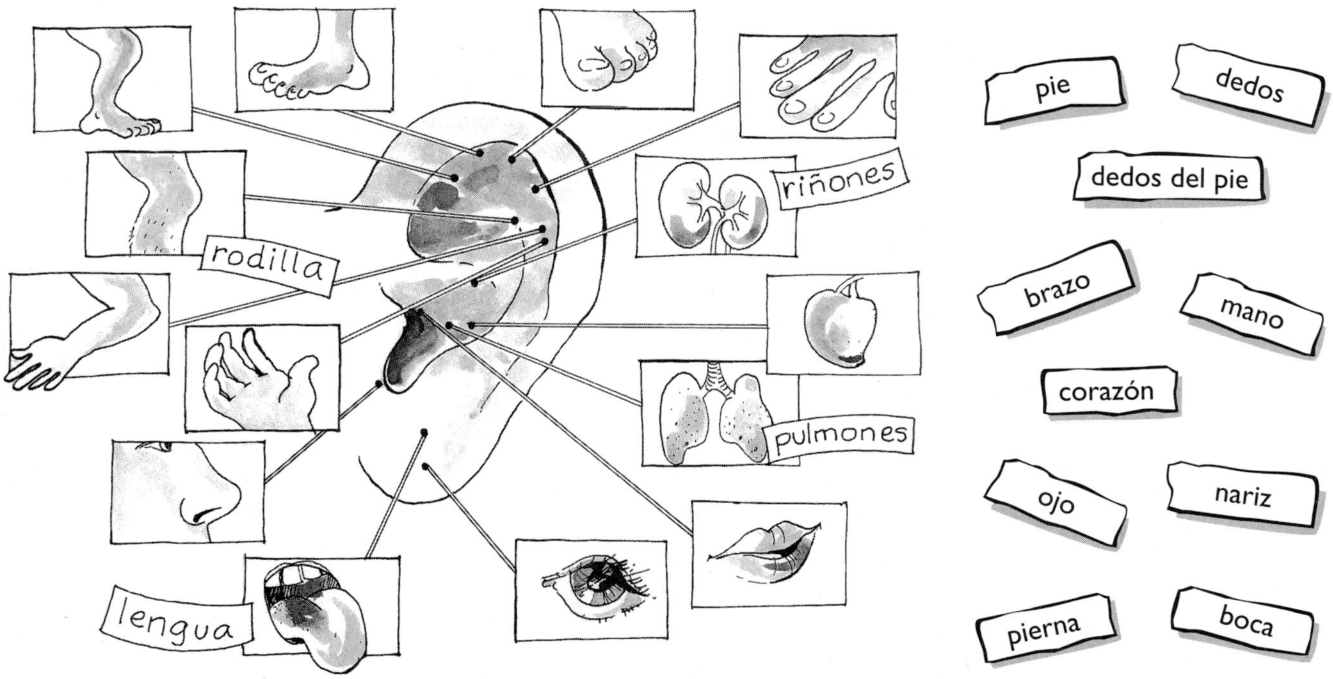

9 B4

Éstos son comentarios típicos que se piensan o se dicen cuando algo no funcionó como debía. Complete con la forma correspondiente.

1. Si *(tener)* hubiera tenido tiempo, *(hacer)* habría hecho los ejercicios.
2. Si *(prestar)* ______________ atención a las señales de tráfico, no me *(poner)* ______________ una multa.
3. Si *(reservar)* ______________ una habitación en el hotel antes de salir de viaje, no *(perder)* ______________ tanto tiempo al llegar.
4. Si *(saber)* ______________ que tú vivías en Sevilla, te *(llamar)* ______________ por teléfono cuando estuve en la ciudad.
5. Si *(informarse)* ______________ un poco más sobre Madrid, *(aprovechar)* ______________ mejor mi estadía en la capital.
6. Si *(hacer)* ______________ el informe, *(poder irme)* ______________ temprano a casa.

10 B5

¿Qué habría pasado si...?
Formule frases según el modelo.

MODELO • Si hubiera tenido tiempo, habría salido de paseo.
Si hubiera salido de paseo, se me habría pasado el dolor de cabeza.
Si...

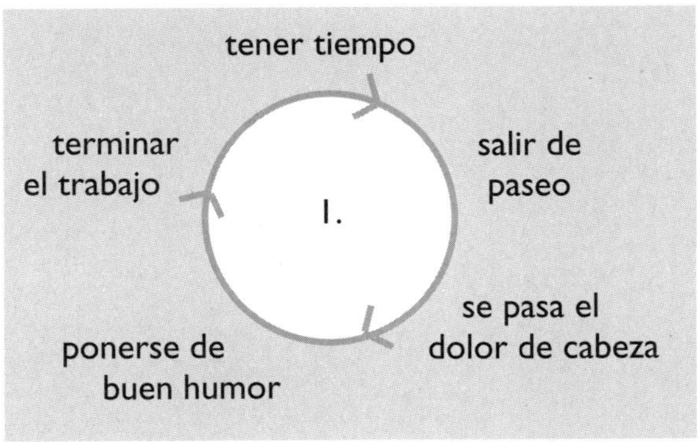

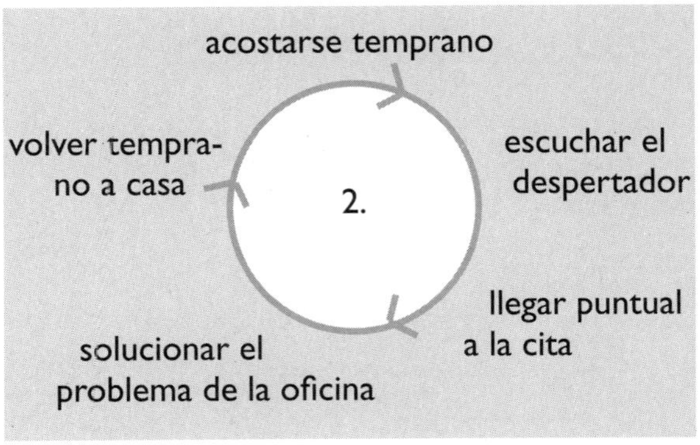

11 B5

a) ¡Gracias!
Lea estos comentarios que han hecho algunas personas para reconocer la ayuda que han recibido. Transforme las frases según el modelo.

MODELO • Si no me hubieras mandado ese material tan bueno,
no habría podido completar el informe.

1. Gracias por mandarme ese material tan bueno. Así he podido completar el informe.
2. Gracias por dejarme tu ordenador. Así he podido presentar el artículo para el concurso.
3. Gracias por ayudarme. Así he terminado de pintar el piso.
4. Gracias por dejarme tu diccionario. Así he podido corregir los errores de la carta.

b) Y ahora, al revés.

MODELO • Gracias por prestarme tu coche.

1. No sé qué habría hecho si no me hubieras prestado tu coche para ir a la cita para el nuevo trabajo.
2. No sé qué me habría puesto si no me hubieras dejado tu traje.
3. No sé qué habría pasado si no me hubieras explicado con antelación los problemas que pueden surgir en el aeropuerto.
4. Realmente no sé dónde habría pasado la Navidad si no me hubieras invitado a tu casa.

12 B5

Peter no ha seguido los consejos de sus amigos/-as y la visita de sus primos venezolanos fue un desastre. Ahora sus amigos/-as se lo reprochan.
Vuelva al ejercicio 5 y formule frases según el modelo.

MODELO • Si hubieras llamado por teléfono a Venezuela,
habrías sabido exactamente cuándo llegaban.

C. Un modelo para la vida

13 C2

Lea y diga de qué persona se trata.

Madre Teresa | Dalai Lama | Mahatma Ghandi | Stephen Hawking

① Es el título del jefe supremo del lamaísmo, que se practica en el Tíbet, Mongolia, China Occidental, Bután y Sikkim. Todos sus representantes religiosos residieron en Lhasa (Tíbet) hasta 1959, año en que la invasión del ejército chino obligó al actual jefe espiritual a exiliarse en la India.

② Dirigente político y religioso indio. A partir de 1930 adoptó una política de anticolonialismo e inició una campaña de huelgas de hambre y desobediencia civil. Participó en las negociaciones que luego culminaron con la proclamación de la independencia de la India en 1947. En 1948 murió asesinado por un fanático.

③ Astrofísico británico. Desde los 20 años padece la enfermedad de Gehring, que le mantiene en una silla de ruedas y le obliga a comunicarse por medio de un sofisticado ordenador, lo que no le ha impedido desarrollar importantes investigaciones sobre los agujeros negros y la cosmología cuántica.

④ Religiosa albana (1910-1997). Fundadora de la Congregación de las Misioneras de la Caridad (en Calcuta). El objetivo principal de las misioneras es ayudar a los moribundos, a los huérfanos y a los leprosos. En 1979 recibió el Premio Nobel de la Paz.

14 C2

a) Escriba el nombre de cuatro personas famosas.
Si quiere, puede tomar alguna del libro del alumno, pág. 135.

b) Si hoy encontrara a estas personas, ¿qué les preguntaría/diría?

MODELO
- Si hoy encontrara al Rey de España, le preguntaría/diría...
- Si hubiera encontrado a Evita, le habría preguntado/dicho...

15 C5

Lea este texto sobre una vida excepcional y complételo con los verbos correspondientes, que todos significan "werden".

ser | convertirse | ponerse | volverse | hacerse

Siempre quise ___ser___ cantante. Probé una vez con un grupo musical en un estudio y fue un desastre. ______ muy nervioso y no me salía la voz. A partir de esa experiencia me di cuenta que tenía que estudiar y trabajar mucho más con mi voz y así llegaría a ______ un profesional. Largo tiempo trabajé con gente muy capaz y un buen día una empresa productora discográfica me descubrió y de la noche a la mañana ______ en el cantante de moda. ______ famoso por una canción que había compuesto hace mucho tiempo. El título de la canción era "Sol" e incluso llegó a estar en el ranking internacional.
Sin embargo, a pesar de la fama, yo no ______ arrogante, siempre intenté tener los pies sobre la tierra y por eso creo que hoy sigo siendo la misma persona que fui siempre.

16 C5

a) Lea este artículo.

Cooperantes españoles en el extranjero

En España, como en otros países, hay organizaciones que apoyan y colaboran con países en vías de desarrollo, en el llamado Tercer Mundo. En general, apoyan distintos proyectos humanitarios con un aporte financiero y humano.

	Intermon	Acción contra el hambre	Médicos del mundo	Médicos sin fronteras
Angola	2	7		17
Argelia		2	3	
Armenia		2		
Birmania		1		
Bolivia				6
Bosnia-Herzeg.		1	12	
Brasil			1	
Burkina Fasso	1			
Burundi		1		
Camboya		2		
Colombia				4
Costa de Marfil		3		
Cuba				1
Ecuador				2
El Salvador	1		1	
Eritrea	1			
Georgia		2		6
Guatemala			9	9
Guinea Ecuat.				3
Guinea Conakry		1		

	Intermon	Acción contra el hambre	Médicos del mundo	Médicos sin fronteras
Haití	1			
Kenia			4	23
Liberia		1		
Mali		1		
Marruecos	1			
Mauritania			7	5
Mozambique	3			8
Nicaragua		2	1	
Palestina				3
Panamá				4
Paraguay			1	
Perú	2		1	7
Ruanda	5			10
Serbia		1		
Sierra Leona		1		
Somalia		3		7
Sudán	1	3		
Tanzania			4	12
Uganda		2		
Zaire		1		

Las personas que trabajan en estas organizaciones, los/las cooperantes, prestan sus servicios de forma voluntaria. Para trabajar como cooperante, es importante ser mayor de edad y tener aptitudes solidarias. En general, quienes se presentan a este tipo de trabajo cumplen esas condiciones. En la práctica, los/las cooperantes se ven confrontados/-as con historias que hablan de riesgo, de muerte, de sufrimiento. Pero lo peor es la impotencia de tener que afrontar todas estas necesidades con medios insuficientes.

Adaptado de Cambio 16

b) ¿Puede resumir la información de la estadística?

MODELO
- La mayoría de los cooperantes está...
- El país donde hay menos cooperantes es...

c) ¿Qué opina usted de este tipo de trabajo?
¿Se imaginaría usted realizando este trabajo?

17

Palabras, palabras, palabras...
Complete el mapa asociativo con las palabras y expresiones de esta unidad que quiera retener.

Rincón profesional

18

Aquí tiene una serie de expresiones para cuando hable por teléfono en la oficina.
Ordénelas en la columna correspondiente.

Evite decir:	Mejor diga:
¿Por qué quiere hablar con X?	*¿Me podría decir de qué se trata?*

Es un problema especial.
Es una cuestión especial.
Dígame en qué puedo ayudarle.
Dígame de qué se trata.
¿Prefiere esperar o volver a llamar?
¿Espera al teléfono o vuelve a llamar?
¿Usted es la persona que ya ha llamado tres veces?
Creo que ya hemos hablado un par de veces por teléfono, ¿verdad?
¿X ya le conoce?
Ya ha estado en contacto con X, ¿verdad?
Ya no hay nadie en la empresa.
Creo que usted llama un poco tarde. ¿X le puede llamar mañana?

19

Su jefe/-a le ha dejado esta nota para que usted redacte y envíe la carta.
Recuerde que debe hacerlo en un tono amable y cortés.

> *Empresa: PliArte S.A.*
> *Texto: El producto que nos ofrecieron no nos interesa.*
> *No cumple las condiciones que exigimos.*
> *Aclare por favor que no hagan más ofertas. No nos interesa.*

Revuelto

1

a) La Cosmovisión[1] religiosa de los pueblos andinos tiene una rica tradición en rituales, música, bailes y simbología. Su relación con la naturaleza es muy estrecha.
Lea estas aclaraciones y diga de qué animales se trata.

1. A este animal se le trata como a un Dios. Las cualidades más admiradas son su elasticidad, fuerza, rapidez e inteligencia. Su nombre quechua es puma.
2. Simboliza el trabajo, la organización, sentido de comunidad, solidaridad: "Uno para todos y todos para uno".
3. Es el único animal que tiene la capacidad divina de "tejer[2]". Esta facultad pueden recibirla los seres humanos.
4. Esta ave[3] es considerada un Dios. Es el mensajero divino que relaciona al Dios de la Luna con el Dios del Sol. Vive en las montañas. Su cualidad más importante es dar protección.
5. Se la trata como a un Dios. Tiene poderes mágicos. Aunque no tiene patas, se mueve con rapidez y es muy peligrosa. Por estas cualidades pertenece a los animales divinos, como el puma y el cóndor.

Ila n° 208

1) *Weltanschauung* 2) *weben* 3) *Vogel*

b) ¿Cree usted que en Europa se les atribuyen a estos animales las mismas cualidades?

2

a) Lea este artículo.

Cada año, más de 5 millones de aves exóticas son obligadas a dejar su medio natural para convertirse en mascotas en los países desarrollados. Estados Unidos, la Unión Europea y Japón son los principales interesados en este tipo de animales. El 90% de los ejemplares procede de África y Suramérica y el 10% de Australia, Papúa-Nueva Guinea y países asiáticos.
A estas cifras alarmantes hay que añadir que el resultado del traslado de estas "mercancías" es dramático: por cada ejemplar que llega vivo a destino, 20 han muerto en el camino.
Adena/WWF y la Comisión Europea han comenzado una campaña contra el tráfico ilegal de animales con el lema:

b) Según su opinión, ¿qué eco tiene este tipo de campaña? ¿Consigue sus objetivos?

3

a) La naturaleza cada vez tiene menos espacio. Lea.

Según un informe de la ONU (Organización de las Naciones Unidas), la extinción de los animales y la disminución de los espacios verdes en el mundo avanza a un ritmo 50 veces más rápido de lo normal.
Este gráfico presenta la situación actual en el mundo.

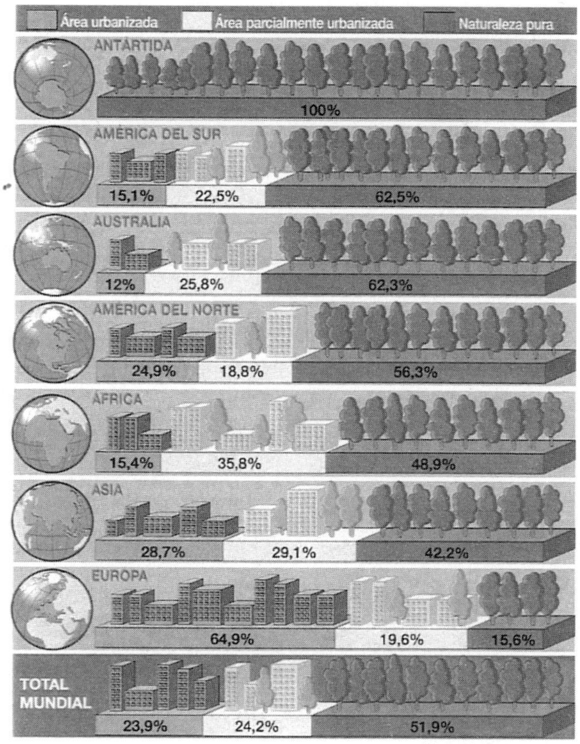

Muy Interesante

b) ¿Puede hacer algunas comparaciones?

MODELO
- En América del Norte sólo una cuarta parte del área está urbanizada, mientras que en Europa son dos terceras partes.
- En comparación con / A diferencia de...

c) Según su opinión, ¿cuáles son las causas de la disminución de los espacios verdes?

4

a) A propósito de campañas...

¿Cuál de estos juguetes contiene sustancias peligrosas?

Estos juguetes blandos de PVC contienen sustancias peligrosas que pueden ser ingeridas por los niños, al morderlos o chuparlos. Algunos juguetes de PVC blando han sido retirados de la venta en Holanda, Dinamarca, Suecia, Italia, Argentina y Grecia. Ayúdanos a conseguir que todos los juguetes sean seguros. Si quieres más información sobre los juguetes de PVC o sobre Greenpeace envía el cupon adjunto a: **Greenpeace, San Bernardo 107, 28015 Madrid.**

Tel: 91/444 1400 Fax: 91/447 13 71

Juega seguro
NO COMPRES PVC

Nombre y apellidos
Dirección
C.P.
Profesión

P PVC 7

GREENPEACE

b) ¿Puede contestar la pregunta de la publicidad? Vea el anexo para comprobar.

c) ¿Cómo es la actitud en su país con respecto a estas sustancias o materiales?
¿Qué tipo de juguetes le compraría usted a sus hijos?

5

a) Ésta es la publicidad de una emisora de radio chilena.
¿Puede imaginarse qué tipo de emisora de radio es? ¿Qué tipo de programación tiene?

La Tierra está cambiando

¡ESCUCHELA!

RADIO
TIERRA
CB 130 AM

DARDIGNAC 97 • FONO FAX 777 3840 •
SANTIAGO - CHILE

b) En el anexo puede ver la solución.

6

¿Ser o estar?
Piense en una escultura o monumento que le guste mucho y describa:
el lugar donde se encuentra, material, figuras, lo que representa, autor/a, antigüedad, etc.

MODELO • Está en Colonia, en la plaza...

7

a) En casa de los Ramírez.
Lea lo que dicen los miembros de la familia y complete con los verbos que faltan.

pone · vuelto · os pongáis · ponerse · te hagas · volver · habéis puesto

1. ¡No puede ser! ¡Otra vez cortan la película! ¡Tanta publicidad me _pone_ furiosa! ¡Cambia de canal, Gustavo!
2. ¿Dónde ____________ el mando a distancia? ¡Cristina, no ____________ la tonta! Yo sé que tú lo escondiste. Dámelo o cambia a Canal Sur porque quiero ver si ya empezaron las noticias.
3. ¡Tranquilos, no ____________ nerviosos, hay patatas para todos! Gustavo, tú tienes que tener más cuidado al comer si te sientas en el sofá. ¡Por favor!
4. ¿Sí, dígame? ¡Ah tío! ¿Qué tal? ¿Quieres hablar con papá? No, mira, ahora no va a ____________, es que está viendo su programa favorito.
5. Oye, papá. Llamó el tío Ernesto. Te va a ____________ a llamar dentro de una hora, cuando termines de ver el programa.
6. ¡Oye, guapa! ¿Te has ____________ loca? ¡No cambies el canal! Ahora empieza el partido.

b) ¿Dónde estará reunida la familia Ramírez?

8

a) Los avances técnicos y sus resultados... Relacione los aparatos con los comentarios.

1. El lector de discos compactos (CD)...
2. La cafetera eléctrica...
3. El ordenador...
4. La televisión...
5. El microondas...
6. La lavadora...

a) ... simplificó el lavado de la ropa.
b) ... arruinó la vida familiar.
c) ... acortó muchísimo el tiempo de preparación de las comidas.
d) ... no mejoró el gusto del café.
e) ... cambió millones de puestos de trabajo.
f) ... consiguió que escuchar música sea un placer.

b) ¿Está de acuerdo con estos comentarios? ¿Qué opinión tiene usted de estos aparatos?

9

a) La comunicación familiar en España. Lea este artículo.

El 91,5% de los españoles está satisfecho con sus relaciones familiares. La familia es lo más importante en la vida para 9 de cada 10 personas. El 92 % de los jóvenes entre 15 y 24 años se siente feliz en casa.

Las cifras felices continúan: por ejemplo, el 92 % de los menores dice hacer siempre lo que dicen sus padres, y 1 de cada 5 padres asegura tener el apoyo de sus hijos cuando deciden el lugar de vacaciones o cuando se mudan.

Si las encuestas no mienten, los españoles viven un idilio familiar permanente. Parecería que en las familias reina la confianza, el entendimiento y la comunicación.

Sin embargo, otras cifras –también a tener en cuenta– muestran que el 60 % de la gente joven (entre 15 y 29 años) tiene "dependencia familiar", es decir, viven en casa de sus padres y reciben apoyo económico.

El psiquiatra J. Avellanosa afirma que "el fondo de la familia es mucho más oscuro de lo que las encuestas reflejan." Ante la pregunta "¿Qué pasaría si una noche la televisión dejara de transmitir y la familia entera tuviera que enfrentarse a sí misma alrededor de una mesa?", el doctor Avellanosa respondió: "Si la tele se apaga llega el desastre. Lo normal es que en casa todos vean la televisión físicamente juntos, pero en solitario."

Adaptado de El País Semanal

b) ¿Le sorprenden algunas cifras de las estadísticas hechas en España?
¿Qué pasaría en su país si se apagara la tele?

10

La cortesía electrónica.

Los mensajes por correo electrónico también tienen su aspecto cortés y respetuoso. Los/Las usuarios/-as ya utilizan símbolos que transmiten emociones y un poco de ironía, a pesar de que el ordenador tenga formas tan estrictas.
Para comprender el significado de estos símbolos, hay que **girar el libro 90° hacia la derecha** y poner un poquito de imaginación. ¿Quiere probarlo?

:-)	sonrisa
:-X	no opino nada
:-))))	risas
@>->-	una rosa
12 x @>->-	una docena de rosas

11

a) ¿Recuerda? Relacione los diálogos con estas situaciones.

- ◯ cómo describir el carácter de una persona
- ◯ cómo expresar condiciones
- ◯ cómo expresar causas y consecuencias
- ◯ cómo transmitir mensajes en pasado
- ◯ cómo aclarar malentendidos
- ◯ cómo dar consejos

1. *Marcela dijo que llegaba a las 9, que en el tren de las 8 no había conseguido una plaza.*

2. *Te aseguro que Enrique es una persona agradable y muy atenta.*

3. *Te aconsejo que vayas por la mañana al médico, ya que no hay tanta gente.*

4. *Marlene, ¿no querías hacer las compras?*
   No, yo quería ir sólo a la farmacia, pero si quieres, puedo ir también al supermercado.

5. *Si todos conducieran con precaución, no pasarían tantos accidentes en las autopistas.*

6. *Hoy he llegado tarde al trabajo a causa del atasco en la carretera.*

b) En grupos. Elijan una de las situaciones y formulen más diálogos.

12

a) Todas las personas de este dibujo muestran diferentes estados de ánimo* después de haber recorrido el camino con "Caminos".
¿Puede describir algunas expresiones o estados de ánimo?

* *Gefühlszustände*

b) Seguro que usted también sintió en algún momento del aprendizaje estos estados de ánimo.
¿Recuerda alguno de estos momentos?

Me alegro de haber hecho con usted este camino. En nombre del equipo de Caminos me despido, deseándole ¡mucha suerte!

Anexo

Unidad 2, Bloque B

13

c) Los Estados federados más visitados por los alemanes

Baviera	7,7 %
Schleswig-Holstein	4,2 %
Mecklemburgo-Antepomerania	3,6 %
Baja Sajonia	3,4 %
Baden-Wurtemberg	3,1 %

Los países más visitados por los alemanes

España	13,2 %
Italia	9,3 %
Austria	7,6 %
Francia	4,0 %
Grecia	3,5 %

Unidad 4

11

Wir behalten

10 % von dem, was wir lesen
10 % von dem, was wir hören
30 % von dem, was wir sehen
50 % von dem, was wir hören und zugleich sehen
70 % von dem, was wir selbst sagen
90 % von dem, was wir selbst tun

Unidad 6, Bloque C

16

b)

Unidad 7, Bloque A

1

b) Las profesiones más simpáticas

1.	Artista	7,61
2.	Médico/-a	7,31
3.	Enfermero/-a	7,13
4.	Camarero/-a	6,72
5.	Periodista	6,19
6.	Taxista	6,08
7.	Dentista	6,06
8.	Policía	5,74
9.	Empresario/-a	5,17
10.	Abogado/-a	4,93
11.	Banquero	3,43
12.	Político	2,88

Cambio 16

8

b) Sume los puntos obtenidos de acuerdo a esta tabla y lea la valoración correspondiente.

	A	B	C
1	1	0	2
2	2	0	1
3	1	2	0
4	0	1	2
5	1	0	2
6	0	2	1

Entre 0 y 4 puntos:

El trabajo en equipo no es la forma adecuada para usted. Su trabajo es mucho más efectivo cuando usted lo realiza individualmente.

Entre 5 y 8 puntos:

Usted puede trabajar perfectamente en equipo sin perder ninguna cualidad individual. Al contrario, este tipo de trabajo apoya su creatividad.

Entre 9 y 12 puntos:

Para usted el trabajo en equipo es la base de su éxito, sólo trabajando en equipo se encuentra cómodo/-a y desarrolla sus aptitudes personales.

Unidad 7, Bloque B

13

b) Las mujeres en cifras.

Mujeres en la población mundial:	50%
Trabajo realizado por las mujeres:	65%
Ingresos que reciben las mujeres:	10%
Propiedad que les pertenece a las mujeres:	1%

Unidad 10, Bloque C

15

b) (...) Mami me observaba mientras tomaba el lápiz y cortaba con cuidado una hoja de mi cuaderno para escribir:

Querida Tata, espero que te encuentres bien de salud al recibo de la presente...

Unidad 12

4

b) Todos.

5

b)

RADIO

TIERRA

CB 130 AM

EN LA FRECUENCIA DE LA MUJER

Algo está cambiando en la Tierra con esta innovadora propuesta radial creada y dirigida por mujeres. Jóvenes, mujeres pobladoras, niñas y niños, adultas y adultos mayores, pueblos originarios, minorías sexuales tienen voz en esta Tierra. La diversidad está en el aire construyendo otra forma de comunicar para cambiar la Tierra.